JN448685

다이어트
키토분식

다이어트 키토 분식

ⓒ 오승애, 오성희, 2022

초판 1쇄 2022년 4월 8일 펴냄

지은이 오승애, 오성희
펴낸이 김성실
책임편집 김성은
사진 이혜원
일러스트 안혜진
도움주신 곳 마이노멀, 해피콜, 와인앤푸드, 기트리닷컴, 비베레타, 동대산미트
제작 한영문화사

펴낸곳 원타임즈 **등록** 제313-2012-50호(2012. 2. 21)
주소 03985 서울시 마포구 연희로 19-1 4층
전화 02)322-5463 **팩스** 02)325-5607
전자우편 sidaebooks@daum.net

ISBN 979-11-88471-31-7(13590)

잘못된 책은 구입하신 곳에서 바꾸어 드립니다.

다이어트 키토분식

오승애·오성희 지음

WINTIMES

승애 이야기

몇 해 전 막냇동생을 통해 알게 된 키토제닉.
'세상에, 그런 게 다 있다고?'

두 번의 출산, 점점 찌는 살, 다이어트와 요요는 일상이 되고 '살'은 '삶'의 한 자리를 차지했어요.
다이어트와 요요를 반복하며 거구로 변해가는 언니가 안쓰러웠는지
"언니, 고기도 마음껏 먹으면서 살도 쭉쭉 빠지는 키토제닉이라는 식단이 있어."
"나는 이제 먹고 싶은 것 다 먹으면서 살 거야. 다이어트를 하면 뭐하니, 빼고 나면 찌고 빼고 나면 찌고, 결국 더 찌기만 하더라."
동생의 설득은 귀에 못이 박히도록 계속 되었어요.
다큐로 제작된 〈지방의 누명〉을 여러 번 보면서 키토제닉 카페에 가입해 많은 정보도 얻고 SNS도 시작했지요. 소심한 성격이라 처음에는 눈으로만 보다가 하나씩 식단을 올리면서 나 자신을 체크하게 됐어요.
'어! 뭐지?'
마음껏 먹고도 13kg을 감량했어요. 떡, 빵, 분식에 치킨까지 가리지 않고 좋아하던 저는 슬슬 자연스럽게 식단을 그만 두게 되었지요. 3년쯤 지났을까? 어느 날, 뒷모습이 찍힌 사진을 보고 정신이 번쩍 들었어요. 커다란 바위가 '떡'하니 있더라고요. 족저근막염과 화이트가운고혈압이 두려워 다시 키토제닉과 SNS를 시작했어요.
처음 키토식을 할 때는 간편식이나 베이커리는 먹지 않았어요. 빵의 식감이 꼭 모래알을 씹는 것 같았거든요. 3년쯤 지나고 다시 시작할 즈음 키토 제품이나 베이커리가 상상 이상으로 많고, 정보도 넘쳐나 깜짝 놀랐어요.
일반식을 할 때부터 자주 말던 김밥을 밥 없이 키토식으로 말아보니 내가 봐도 예뻐서 SNS에 자주 올렸고, 예쁘다는 칭찬과 관심을 받으니 신이 나서 더 자주 올리게 되었어요.
김밥뿐 아니라 동생한테 배운 토마토 마리네이드도 만들기 시작했고, 할수록 요령이 생겨 내친 김에 껍질 벗기는 영상까지 올렸더니 많은 분이 좋아해 주고 칭찬해 주었어요. 신이 나서 스스로

'김밥 마는 오여사', '마리네이드 오여사'라는 닉네임을 사용하게 되었어요. 새로운 것을 올리고 싶은 욕심도 커졌지요.
그러던 어느 날 윈타임즈로부터 DM 한 통을 받게 되었고 검색해 보니 키토인이라면 들어봤을 법한 책을 만드는 출판사였어요.
김밥 외에 다른 분식도 만드는지 등의 질문과 함께 책을 만들어볼 의향이 있는지 물었어요.
평범한 주부로 살면서 혼자 먹는 키토식일 뿐이라고 거절했지만
'당장 답하지 않아도 된다, 가족과 상의한 후 답해도 된다'고 했지요.
동생에게 말했더니 용기를 주었어요.
남편과 아이들도 연신 오작가님, 오작가님! 부르면서 힘을 실어 주었지요.
엄마가 김밥을 자주 말아서 질린다던 아이가 '사실은 맛있다'고 너스레를 떨며 좋아해 주었어요.
이 책이 나오기까지 힘을 보태준 남편, 자랑스레 생각해준 두 아들
모두에게 감사드리며 가족의 응원에 힘입어 용기 내어 봅니다.

-오승애

성희 이야기

다이어트.
철 들기 시작하면서 지금까지 삶의 일부가 되었습니다. 많은 다이어트 중 가장 큰 효과를 보고 식습관으로 자리 잡은 '키토제닉'은 이제 라이프 스타일이 되었습니다. 평소 요리 만들기를 좋아했기에 식재료에 대한 지식을 바탕으로 건강한 단백질과 탄수화물, 지방을 골고루 찾아 먹게 되었습니다. 그만큼 식재료를 보는 눈도 달라졌고 좋은 식재료로 건강하게 먹는 법을 더 연구하게 되었습니다.

둘째 아이 출산 후 다이어트가 절실하던 시기에 우연히 〈지방의 누명〉이라는 프로그램을 보았습니다. 때마침 키토제닉을 하고 있던 지인의 소개로 시작했는데 목표한 체중에 도달했지만 몸은 지친 상태였지요. 제대로 된 정보와 지식 없이 탄수화물은 극도로 제한하고 고기와 채소, 지방을 마구잡이로 먹었기 때문입니다. 그러다 보니 알러지에 시달리고 가공음식에는 심각할 정도로 예민한 반응을 일으켰습니다. 이런 나에게 가족들이 신경쓰며 힘들어 하는 게 눈에 보일 정도로 몸도 마음도 불편한 시기를 겪었습니다. 건강하려고 시작한 다이어트인데 키토제닉은 극단적이라고 생각했습니다. 이후 몸 상태와 생활에 맞게 식단을 바꾸기 시작했습니다.

균형 잡힌 탄수화물과 단백질, 지방은 살을 찌게 하기보다 건강하게 만들어 준다는 것을 깨달았습니다. 잘 먹고도 살이 빠질 뿐 아니라 유지하는 식단이기에 가장 가까운 가족에게 권했어요. 바로 '김밥 마는 오여사'.

우리 언니예요.

오랜 기간 일반식과 키토식을 오가며 키토식의 장점을 알기에 키토식에 가까운 식단을 유지하고 있는데 속재료가 가득하고 맛있는 언니의 김밥은 SNS에서도 유명했어요. 이 김밥은 키토식에서도 빛을 발했어요.

사진으로 봐도 멋지지만 실제로 먹어보면 더 맛있어서 반하게 되는 김밥이에요.

김밥 책을 내게 되었다는 소식을 듣고 최선을 다해 돕겠다고 했는데 출판사로부터
제게도 제안이 왔어요. 분식편을 맡아 같이 해 보겠느냐고.
오랫동안 꿈꿔오던 제안이라 기쁜 마음으로 덥석 받아들였어요. 게다가 언니와 함께라니
더할 나위 없이 행복했어요.
키토식으로 분식이 가능할까 싶지만 얼마든지 할 수 있어요.
물론 첨가물이 많은 분식집의 분식과는 차원이 달라요.
건강하고 맛있게 집에서 만들어 먹을 수 있어요.
이 책을 보는 모든 분들이 건강한 식단을 유지하며 다이어트 때마다
간절히 먹고 싶었던 분식을 마음 편히 먹을 수 있기를 바라며 정성을 다했어요.
책을 만드는 과정을 지켜보며 물심양면으로 도와주신 시부모님과
작은 물건을 옮기는 것까지 도맡아준 남편 고맙습니다.
엄마의 음식을 세상에서 제일 맛있게 먹어준 두 딸 사랑합니다.
누구보다 힘찬 응원을 보내주시고 제 요리의 토대가 되신
부모님, 고맙고 사랑합니다.

-오성희

menu

키토떡볶이

키토 라면·국수

키토김밥

menu

키토김밥

키토 볶음밥·덮밥

키토 토스트&샌드·튀김·어묵·만두

키토 토스트&샌드·튀김·어묵·만두

menu

키토디저트

키토 소스·피클·장아찌

책 미리보기

① 요리 이름
② 요리 완성 이미지
③ 재료와 용량
④ 양념 혹은 소스 및 부재료와 용량
⑤ 참고 페이지
⑥ 요리 관련 이야기
⑦ 만드는 법
⑧ 요리 포인트
⑨ 요리 팁

재료

곤약떡 10개
사각 어묵 1장
삶은 달걀 1개
양파 1/2개
대파 1대
양배추 100g
당근 20g
비엔나소시지 3개
콩나물 1줌
물 300ml

양념장

고추장 2T
고춧가루 2T
춘장 1T
맛간장* 1T
알룰로스 1T
청주 1T
무잼 1T
다진 마늘 1T

맛간장 235쪽 참고

고등학교 시절 토요일이면 학교 앞 콩나물떡볶이 집에서 친구들과 먹던 추억의 떡볶이예요. 먹고 남은 국물에 곤약밥과 생들기름, 김가루를 듬뿍 넣어 한국인의 디저트인 볶음밥을 만들어 보세요.

만들기

1 대파는 송송 썰고 양배추와 양파, 당근은 납작하게 사각으로 썰어 준비한다.
2 어묵은 곤약떡 크기로 썰어 둔다.
3 분량의 재료를 모두 섞어 양념장을 만들어 둔다.
4 냄비에 곤약떡과 콩나물을 제외한 모든 재료와 양념장을 넣고 강불에서 끓인다.
5 끓기 시작하면 중불로 줄인다.
6 콩나물을 올리고 원하는 토핑 재료 들을 얹어 마무리한다.

포인트
4에서 냄비 대신 팬을 사용해도 괜찮다.

TIP
양념장을 만들 때 무잼 대신 스위트너를 1큰술 추가해도 된다. 토핑 재료로는 차돌박이, 모차렐라치즈, 체더치즈 등 기호에 맞게 선택한다.

책 미리보기

① 김밥 이름
② 김밥 완성 이미지
③ 김밥 단면
④ 김밥 재료와 용량
⑤ 참고 페이지
⑥ 김밥 재료 만드는 법
⑦ 김밥 말기
⑧ 요리 포인트
⑨ 요리 팁

①

소시지김밥

②

재료

김
달걀 3개
다진 대파 약간
당근채* 2줌
단무지* 1줄
시금치나물* 1줌
우엉채볶음* 1줌
빨간파프리카 약간
소시지
소금 약간
통깨 약간
올리브오일 약간
생들기름 약간

당근채 26쪽 참고
단무지 249쪽 참고
시금치나물 26쪽 참고
우엉채볶음 26쪽 참고

재료 만들기

1. 달걀에 다진 대파를 넣고 잘 풀어 지단을 부친다.
2. 채 썬 당근은 소금 1작은술을 넣고 10분 정도 절인 후 올리브오일을 두른 팬에 살짝 볶으며 수분을 날린다.
3. 파프리카는 씨를 제거한 후 채 썰고 단무지는 채 썬다.
4. 우엉채는 올리브오일을 두른 팬에 물을 넣고 10분 정도 볶다가 갓간장과 알룰로스를 넣어 수분을 날리며 볶는다.
5. 시금치는 끓는물에 살짝 데친 후 소금, 통깨, 생들기름을 넣어 무친다.

김밥 말기

1. 김 위에 대파지단을 통째로 올린다.
2. 당근채, 단무지, 시금치나물, 우엉채볶음, 파프리카 순으로 올린다.
3. 가운데 소시지를 올려 말아준다.
4. 이음새 부분이 바닥에 닿도록 5분 정도 두었다가 생들기름(트러플오일)을 발라 썰어준다.

포인트

4에서 김밥에 생들기름, 참기름, 트러플오일 등 기호에 맞게 발라준다.

TIP

달걀 통지단을 사용할 때는 달걀 3개, 채 썰어 사용할 때는 4개, 돌돌 말아 달걀말이로 사용할 때는 1.5개 분량이 사용된다. 김밥에 따라 약간의 차이가 있을 수 있다.

식재료 이야기

초보 키토인이 가장 어렵게 생각하는 것 중 하나가 식재료다. 식재료에 대한 이해가 없으면 요리의 준비 단계부터 복잡하고 어려워진다. 일반식과 달리 대체 식재료가 대부분인 키토식은 설탕부터 기름, 소스 등 알아야 할 것이 참으로 많다.

어렵게만 느껴지는 식재료, 만든 회사와 살 수 있는 곳만 알아도 키토식을 매우 쉽게 시작하고 편리하게 즐길 수 있을 것이다.

미란(곤약쌀) 기트리닷컴	**알룰로스** 마이노멀	**마요네즈** 마이노멀	**케첩** 마이노멀

머스터드 마이노멀	**아이스크림** 마이노멀	**방탄커피** 마이노멀	**김밥용김** 비비고
		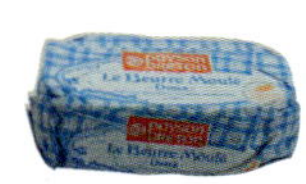	
김밥용김 만전김	**생감태** 바다숲	**페이장브르통가염버터** 와인앤푸드	**해피카우크림치즈** 와인앤푸드

애플사이다식초 와인앤푸드	**머스터드** 와인앤푸드	**생들기름** 소소유	**콩비지가루** 소소유

농축토마토
한살림

조선간장
한살림

진간장
한살림

블루치즈
마켓컬리

디포리
삼양수산

멸치
삼양수산

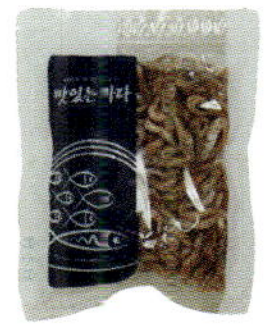

보리새우
삼양수산

다시마
삼양수산

고등어액젓
삼양수산

멸치액젓
삼양수산

흑후추

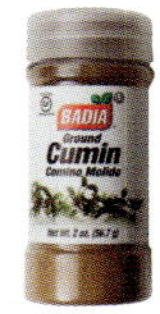

쿠민
바디아

미역국수
오아시스

얇은 두부면
풀무원

넓은 두부면
풀무원

라이트누들
풀무원

화이트발사믹식초
비베레타

올리브오일
비베레타

궁채
헬토네이처

콜라겐팝
지미앤초이스푸드

스위트너
키토몰

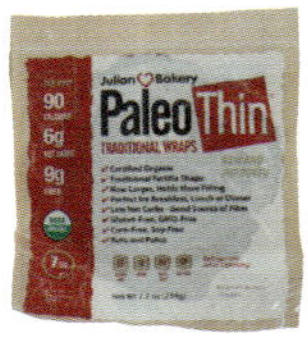

팔레오틴
키토몰

라이스페이퍼
리얼타이

대장부소주
롯데칠성

돼지고기대패살
동대산포크

돼지고기앞다리살
동대산포크

돼지고기등심
동대산포크

돼지고기목살
동대산포크

등갈비
동대산포크

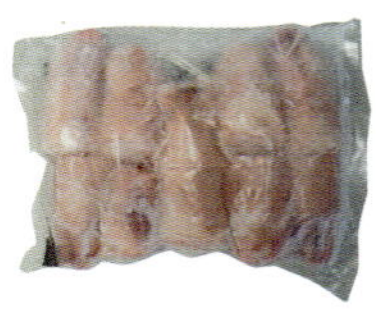

족발
고마워돼지

슈레드치즈
매일유업

소화가잘되는우유
매일유업

파르미지아노레지아노치즈

곤약비지떡
케이에프푸드

사골농축액
당신의부엌

타피오카전분

블랙티가루

고추장
마야F&B

된장
마야F&B

춘장
마야F&B

다크초콜릿

스리라차소스

꿀

쌀식빵
제로베이커리

키토식이섬유빵
제로베이커리

메줏가루
한살림

울금가루
한살림

표고가루
한살림

새우젓

마늘가루
심플리오가닉

양파가루
심플리오가닉

커리가루
심플리오가닉

카옌페퍼
심플리오가닉

월계수
심플리오가닉

오레가노
심플리오가닉

로즈마리
심플리오가닉

소고기순대스테이크
순대실록

소고기순대스테이크

사각어묵
케이에프푸드

식재료 사는 곳

키토식의 식재료를 어디서 사야 하는지 헷갈릴 때가 있다. 그러다 보니 대부분 오픈 마켓 겸 직구 사이트를 이용하게 되는데 재료마다 특화된 곳들을 찾아보는 것도 추천한다.
이 책에서 사용한 재료들의 판매처는 다음과 같다.

재료	사는 곳
감태	일반마트
고등어 액젓	삼양수산 (네이버 스마트 스토어)
곤약떡	케이에프푸드(네이버 스마트 스토어)
곤약쌀 미란	기트리닷컴
굿디즈 스위트너	키토몰
김	일반 마트
다시마	삼양수산 (네이버 스마트 스토어)
대장부소주	일반 마트
돼지고기(부위별)	동대산미트
두부면	풀무원
디포리	삼양수산 (네이버 스마트 스토어)
로즈마리	쿠팡
라이스페이퍼	일반 마트
라이트 누들	풀무원
마늘가루	쿠팡
마요네즈	마이노멀
머스터드	마이노멀
메줏가루	한살림
멸치	삼양수산 (네이버 스마트 스토어)
멸치 액젓	삼양수산 (네이버 스마트 스토어)
무말랭이	한살림
방탄커피	마이노멀
보리새우	삼양수산 (네이버 스마트 스토어)

재료	사는 곳
블루치즈	마켓컬리
사각어묵	케이에프푸드
새우	한살림
생들기름	한살림, 소소유
생미니족발	고마워돼지(흑돼지)
소고기 순대 스테이크	순대실록
쌀식빵	제로베이커리
알룰로스	마이노멀
아이스크림	마이노멀
알룰로스	마이노멀
양파가루	쿠팡
어묵	케이에프푸드(네이버 스마트 스토어)
오레가노	쿠팡
저당 고추장	마야 F&B
저당 춘장	마야 F&B
된장	마야 F&B
조선간장	한살림
케첩	마이노멀
콩비지가루	소소유
클로비스유기농애플사이다비네거	스마트스토어_와인앤푸드
클로비스홀그레인머스타드	쿠팡로켓프레쉬
키토식이섬유빵	제로베이커리
토마토 농축액	한살림
팔레오랩	키토몰
페이장버터가염	쿠팡
해피카우크림치즈내추럴	쿠팡로켓프레시

편리한 주방 도구

요리를 할 때 주방 도구는 필수다. 혼자의 힘으로 할 수 없거나 힘든 일은 기계의 도움을 받으면 한결 쉽게 해결할 수 있다.
특히 식재료를 채 썰 때는 칼보다 채칼을, 다질 때는 초퍼를 사용하면 훨씬 빠르고 쉽게 준비할 수 있다.
재료의 계량은 요리의 맛을 결정하기 때문에 계량스푼이나 계량컵, 밥숟가락 등을 이용하면 더욱 정확하게 음식을 만들 수 있다.
요리 시 꼭 필요한 도구는 다음과 같다.

① 냄비
② 프라이팬
③ 초퍼
④ 칼
⑤ 채칼
⑥ 스쿱
⑦ 솔(브러시)
⑧ 계량스푼
⑨ 계량컵
⑩ 밥숟가락

계량하기

장류 1큰술(밥숟가락)

1/4작은술=1.25ml

1/2작은술=2.5ml

1작은술=5ml

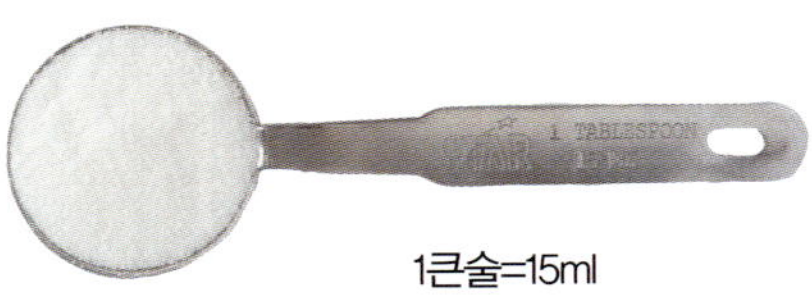

1큰술=15ml

1/4컵=60ml

1/3컵=80ml

1/2컵=120ml

1컵=240ml

분식 이야기

분식1(分食)「명사」 「1」 나누어 먹음.
「2」 나누어 가짐.

분식2(分蝕)「명사」 『천문』 일식(日蝕)이나 월식(月蝕) 때에 태양이나 달의 일부분이 가려져 보이는 현상.=부분식.

분식3(扮飾)「명사」 몸을 보기 좋고 맵시 있게 하려고 하는 치장.=몸치장.

분식4(粉食)「명사」 밀가루 따위로 만든 음식을 먹음. 또는 그 음식.

분식5(粉飾)「명사」 「1」 내용이 없이 거죽만을 좋게 꾸밈.
「2」 실제보다 좋게 보이려고 사실을 숨기고 거짓으로 꾸밈.

분식집에는 사전적 의미와 다른 음식이 꽤 많다. 사전에는 '밀가루 따위로 만든 음식'으로 정의하지만 김치볶음밥, 오므라이스, 김밥, 떡국, 제육덮밥, 돈가스 등은 쌀이나 고기로 만든 음식이다.

방과 후 학교 앞 떡볶이집은 학생들의 성지와 다름없다. 참새의 방앗간처럼 그냥 지나치기 쉽지 않다. 삼삼오오 떼 지어 몰려다니며 조잘조잘 수다를 떨고 용돈을 아껴 떡볶이며 라면이며 쫄면에 순대까지 친구들과 함께하는 시간은 그야말로 맛있는 추억이 된다.

김밥에 대한 추억은 대부분 비슷하다. 엄마는 소풍이나 운동회같이 특별한 날에만 김밥을 싸준다. 지금은 다양한 김밥 전문점이 많지만 불과 십수 년 전만 해도 김밥집을 찾기란 쉽지 않았다.

재료 몇 가지만 있으면 뚝딱 만들 수 있는 김밥이 왜 그리 특별하게만 느껴졌을까?

키토김밥은 이제 더 이상 그냥 김밥이 아니다. 키토김밥 전문점뿐 아니라 웬만한 김밥집에서도 따로 판매할 정도로 이제 키토김밥은 트렌디한 패션이 되었다.

다이어트를 할 때마다 간절하게 생각나는 음식을 꼽자면 김밥, 라면, 떡볶이 등 대부분이 분식집 메뉴다. 김밥이나 분식은 왠지 다이어트와는 거리가 멀 것 같지만 실제로 만들기도 쉽고 맛있으면서 '먹고 싶음'을 해소해 주는 음식이기도 하다.

탄수화물의 주범인 밥, 면, 빵은 곤약이나 콜리플라워, 두부면, 곤약면 등으로 대체할 수 있다. 다양한 키토빵을 활용해 토스트, 샌드위치 등을 손쉽게 만들 수 있다.

키토 분식은 일반 분식과 달리 다이어트 중 가장 먹고 싶은 음식을 죄책감 없이 만들어 먹을 수 있도록 구성하였다.

일러두기

재료의 용량은 g, T, t, C, L, ml 등 국제 표준 단위로 표기했다.
레시피에서는 그램, 큰술, 작은술, 컵, 리터, 밀리리터 등 한글로 표기했다.
자밤: 일반적으로 꼬집이라 표현하지만 이 책에서는 순우리말인 자밤으로 표기했다.

키토김밥 기본 만들기

곤약밥

쌀 1컵(150g), 곤약쌀(미란 210g)
1. 쌀은 씻은 후 체에 밭쳐 물기를 뺀다.
2. 곤약쌀은 체에 밭쳐 흐르는 물에 헹군 후 물기를 뺀다.
3. 밥솥에 쌀과 곤약쌀을 넣고 물 40ml 넣은 후 취사한다.

곤약쌀 특유의 냄새는 조리 후 사라진다. 현미나 흑미를 사용할 경우 4시간 이상 불려준 후 물 50밀리리터를 넣는다.
시판용 즉석곤약밥의 반이 75그램, 지은 밥은 수북하게 2큰술이 75그램이다.
곤약쌀 대신 묵곤약을 다져 사용해도 괜찮다.

달걀지단

1. 채지단은 달걀 4개를 사용했다.
2. 통지단은 소금과 후추를 넣고 달걀 3개를 풀어 도톰하게 1~2장을 부쳐 넣었다.
3. 돌돌 만 지단은 김밥 1줄에 달걀 1.5개 분량을 풀어 말았다.

당근채(4줄 분량)

당근 1개(200g), 소금 1t, 올리브오일 1t
채 썬 당근은 소금에 10분 정도 절여 물기를 꼭 짠 후 올리브오일을 두른 팬에 살짝 볶으며 수분을 날린다.

오이볶음 · 오이채

오이 1개(200g), 소금 1t, 올리브오일 1t
씨 부분을 걷어내고 세로로 12등분하여 소금에 10분 정도 절여 물기를 꼭 짠 후 올리브오일을 두른 팬에 살짝 볶아 수분을 날린다. 생으로 사용할 경우 씨 부분만 제거하고 채 썬다.

우엉채볶음

우엉 250g, 식초 1T, 맛간장 2T, 알룰로스 2T, 올리브오일 2T, 물 5T
우엉은 채 썰어 물에 식초를 넣어 잠시 담갔다가 올리브오일을 두른 팬에 물 5큰술 넣고 10분 정도 볶은 후 맛간장과 알룰로스를 넣고 수분을 날리며 볶는다.

시금치나물

시금치는 데쳐서 물기를 꼭 짜고 소금, 깨, 생들기름을 약간씩만 넣고 무친다.

궁채 불리기

찬물에 바락바락 씻어 4시간 정도 불리면서 중간중간 물을 바꿔준다.
깨끗이 헹군 후 용도에 맞게 잘라 사용한다. 불리면 말린 궁채의 3~4배의 양이 된다.
시판용 소포장 불린 궁채를 사용해도 된다.

궁채볶음

불린 궁채는 20cm 길이로 잘라 올리브오일에 소금을 넣어 식감이 살도록 살짝 볶는다.

멸치볶음

멸치 100g, 올리브오일 1T, 알룰로스 1T
올리브오일을 두른 팬에 멸치를 넣고 5분 정도 볶다가 알룰로스 1큰술 넣고 살짝 볶는다.

진미채볶음

진미채 150g, 올리브오일 1T, 고추장 1T, 고춧가루 1T, 맛간장 1/2T, 대장부소주 1T
알룰로스 1T, 마요네즈 1T
진미채는 끓는 물을 부어 5분 정도 담가 첨가물을 제거한 후 물기를 꼭 짠다.
마요네즈를 제외한 모든 재료를 넣고 바글바글 끓으면 진미채를 넣어 볶는다.
마요네즈를 넣고 휘리릭 뒤적인 후 불을 끈다.

배고프다.
뭐 먹지?

다이어트 중인데
오늘은 분식이 당긴다.

떡볶이, 라면, 김밥
덮밥, 볶음밥
토스트, 만두, 튀김,
아이스크림….
아! 먹고 싶어.

키토 떡볶이

My Normal
My Normal

고춧가루떡볶이

재료

곤약비지떡 5개
사각 어묵 1장
새송이버섯 1개
대파 1대
양파 1/2개
깻잎 5장
비법육수* 1C
(또는 물)

양념장

고춧가루 3T
스위트너 1T
맛간장* 2T
마늘 1T
후추 1/4t

비법육수·맛간장 237쪽 참고

밤이 되면 엄마는 다음 날 아침 식사를 미리 준비하셨어요. 아침으로 떡볶이가 나오기 전날에는 잠자리에 들기 전부터 설렜지요. 추억의 맛을 먹기 위해서는 양념장에 재운 떡볶이를 냉장고에 넣어 하룻밤 숙성시켜야 해요.

만들기

1 대파는 송송 썰고 새송이버섯은 떡볶이 모양으로 길게 썰고 양파와 깻잎은 채 썰어 준비한다.
2 어묵은 비지떡 크기로 썰어 둔다.
3 분량의 재료를 모두 섞어 양념장을 만들어 둔다.
4 냄비에 육수와 양념장을 넣고 끓인다.
5 끓기 시작하면 양파, 대파, 어묵, 새송이버섯을 넣고 충분히 끓인다.
6 국물이 반쯤 졸아들면 곤약비지떡을 넣어 3분 더 끓이고 깻잎을 올려 마무리한다.

포인트

맛간장이 없으면 진간장 4T, 청주 1T, 스위트너 혹은 알룰로스 2T를 섞어 사용한다.

TIP

깻잎을 넣으면 훨씬 다양한 맛을 즐길 수 있다. 기호에 따라 깻잎의 양은 가감한다.

궁중(간장)떡볶이

불고기가 남거나 갈비찜 양념이 남으면 엄마는 두툼한 가래떡을 넣어 간장떡볶이를 해주셨어요. 빨간 떡볶이도 맛있지만 자극적이지 않은 간장떡볶이는 별미예요.

재료

곤약떡 10개
우둔살 100g
새송이버섯 1개
사각 어묵 1장
양파 1/2개
양배추 50g
당근 30g
비법육수* 200ml
(혹은 물 200ml)
생들기름 1t

양념장

맛간장* 2T
청주 1T
다진 마늘 1T
후추 1/8t
스위트너 1T
(혹은 양파잼* 1T)

우둔살 밑간

청주 1T
맛간장 1T
알룰로스 1t
다진 마늘 1t
후추 약간

비법육수·맛간장 237쪽 참고
양파잼 247쪽 참고

만들기

1 분량의 재료를 모두 섞어 양념장을 만들어 둔다.
2 우둔살은 양념에 밑간한다.
3 어묵은 곤약떡 크기로 썰어 둔다.
4 양파, 양배추, 당근은 채 썰고 새송이버섯은 비슷한 크기로 썰어 둔다.
5 들기름을 두른 팬에 밑간한 우둔살을 넣고 강불에서 볶는다.
6 고기가 익기 시작하면 4의 채소 들을 넣고 강불로 볶는다.
7 양파가 투명해지면 육수를 붓고 3의 어묵과 양념장을 넣어 끓인다.
8 국물이 자작해지면 곤약떡을 넣고 3분 후 마무리한다.

TIP

음식을 만들기 전에 미리 우둔살에 밑간을 해두면 간이 배어 더 맛있게 먹을 수 있다. 소고기는 불고기감으로 준비한다.

즉석콩나물떡볶이

재료

곤약떡 10개
사각 어묵 1장
삶은 달걀 1개
양파 1/4개
대파 1대
양배추 100g
당근 20g
비엔나소시지 3개
콩나물 1줌
물 300ml

양념장

고추장 2T
고춧가루 2T
춘장 1T
맛간장* 1T
알룰로스 1T
청주 1T
무잼 1T
다진 마늘 1T

맛간장 237쪽 참고

고등학교 시절 토요일이면 학교 앞 콩나물떡볶이 집에서 친구들과 먹던 추억의 떡볶이예요. 먹고 남은 국물에 곤약밥과 생들기름, 김가루를 듬뿍 넣어 한국인의 디저트인 볶음밥을 만들어 보세요.

만들기

1 대파는 송송 썰고 양배추와 양파, 당근은 납작하게 사각으로 썰어 준비한다.
2 어묵은 곤약떡 크기로 썰어 둔다.
3 분량의 재료를 모두 섞어 양념장을 만들어 둔다.
4 냄비에 곤약떡과 콩나물을 제외한 모든 재료와 양념장을 넣고 강불에서 끓인다.
5 끓기 시작하면 중불로 줄인다.
6 곤약떡을 넣고 3분 끓인 후 콩나물을 올리고 원하는 토핑 재료 들을 얹어 마무리한다.

포인트

4에서 냄비 대신 팬을 사용하도 괜찮다.

TIP

양념장을 만들 때 무잼 대신 스위트너를 1큰술 추가해도 된다. 토핑 재료로는 차돌박이, 모차렐라치즈, 체더치즈 등 기호에 맞게 선택한다.

고추장떡볶이

재료

곤약비지떡 10개
사각 어묵 1장
양파 1/2개
대파 1대
무 100g
(또는 무잼* 2T)
올리브오일 1T

양념장

고추장 2T
알룰로스 2T
맛간장* 1t
마늘 1T
비법육수 1/4C
후추

무잼 246쪽 참고
맛간장 237쪽 참고

가장 일반적인 떡볶이르 학교 앞 분식점에서 자주 먹던 맛이지요. 키토스에 맞게 쌀떡이나 밀떡 대신 곤약떡을 사용했고 어묵도 성분이 비교적 좋은 어묵을 사용했어요.

만들기

1. 분량의 재료를 모두 섞어 양념장을 만들어 둔다.
2. 어묵은 길게 썰고 대파는 송송 썰고 양파와 무는 채 썰어 준비한다.
3. 팬에 올리브오일을 두르고 양파와 무를 넣어 약불에서 약 5분 볶는다.
4. 양념장과 어묵을 넣고 끓인다.
5. 국물이 반쯤 졸아들면 대파와 곤약비지떡을 넣고 약 3분 더 끓인 후 마무리한다.

포인트

맛간장이 없다면 진간장 4T, 청주 1T, 스위트너 혹은 알룰로스 2T를 섞어 사용한다.

TIP

무잼을 넣을 경우 양념장에 섞어 사용하고 알룰로스는 1큰술만 사용한다. 토핑 재료로는 우삼겹, 대패삼겹살, 모차렐라치즈, 비엔나 소시지 등 기호에 맞게 선택한다.

로제떡볶이

재료

곤약비지떡 10개
사각 어묵 1장
비엔나 소시지 5개
베이컨 2장
대파 1대
올리브오일 2T
생크림 150ml
양파 1/2개
양배추 50g

양념장

고추장 2T
고춧가루 1T
알룰로스 1T
케첩 1T
맛간장* 1T
다진 마늘 1T
후추 약간
물 50ml

맛간장 237쪽 참고

부드럽고 고소한 생크림과 칼칼한 고추장소스가 만나 입맛을 당기는 떡볶이예요. 두부면을 넣으면 로제파스타로 먹을 수 있어요.

만들기

1 대파는 송송 썰고 양파와 양배추, 어묵은 납작하게 사각으로 썰어 준비한다.
2 분량의 재료를 섞어 양념장을 만들어 둔다.
3 올리브오일을 두른 팬에 잘게 썬 베이컨을 볶는다.
4 베이컨 기름이 나오면 대파와 양파를 넣고 볶는다.
5 양파가 투명해지면 양배추, 어묵, 소시지와 2의 양념장을 넣고 약 5분 끓인다.
6 5에 생크림을 넣어 끓어오르면 곤약비지떡을 넣고 3분 더 끓인 후 마무리한다.

포인트

맛간장이 없다면 진간장 4T, 청주 1T, 스위트너 혹은 알룰로스 2T를 섞어 사용한다.

TIP

요샌 로제떡볶이에 마라를 넣어 마라로제로 먹기도 한다. 좋아하는 향신료나 허브가 있다면 추가해서 넣는 것도 괜찮다.

간장기름떡볶이

재료

곤약떡 10개
올리브오일 2T
맛간장* 1T
알룰로스 1T

맛간장 237쪽 참고

매운 음식을 잘 먹지 못하는 아이들을 위해 만들게 된 떡볶이예요. 달콤하고 짭짤한 맛에 자꾸만 먹게 되는 단점이 있으니 조심하세요.

만들기

1 곤약떡은 깨끗이 씻어 물기를 제거한다.
2 팬에 올리브오일을 두르고 곤약떡을 넣고 중강불로 굽는다.
3 곤약떡이 골고루 잘 구워지면 팬 한 쪽에 간장과 알룰로스를 넣고 바글바글 끓여 떡에 버무린다.

포인트
맛간장이 없다면 진간장 4T, 청주 1T, 스위트너 혹은 알룰로스 2T를 섞어 사용한다.

TIP
곤약떡은 모든 면을 골고루 구워야 달라붙지 않는다. 올리브오일을 넉넉히 둘러 튀기듯 굽는 것도 좋다. 베이컨을 구워 떡을 넣고 돌돌 말아 꼬치로 만들면 특별한 맛을 즐길 수 있다.

매운기름떡볶이

재료

곤약떡 10개
올리브오일 2T
맛간장* 1T
알룰로스 1T
고춧가루 1t

맛간장 237쪽 참고

서촌의 통인시장에서 인기가 많은 떡볶이로 유명하지요. 간장기름떡볶이와 같이 먹으면 더욱 매력 있어요.

만들기

1 곤약떡은 깨끗이 씻어 물기를 제거한다.
2 팬에 올리브오일을 드르고 곤약떡을 넣고 중강불로 굽는다.
3 곤약떡이 골고루 잘 구워지면 팬 한 쪽에 간장과 알룰로스, 고춧가루를 넣어 바글바글 끓여 떡에 버무린다.

포인트

맛간장이 없다면 진간장 4T, 청주 1T, 스위트너 혹은 알룰로스 2T를 섞어 사용한다.

TIP

곤약떡의 모든 면을 골고루 잘 구워야 곤약떡이 달라붙지 않는다. 올리브오일을 넉넉히 둘러 튀기듯 굽는 것도 방법이다.
비엔나 소시지나 어묵을 튀긴 후 소스에 같이 버무려도 맛있다.

국물떡볶이&주먹밥

재료

육수 200ml
(또는 물)
라면스프* 1T
곤약떡 5개
사각 어묵 1/2장
메추리알 5개
대파 1/2대

주먹밥 재료

곤약밥 150g
생들기름 1T
고기쌈장* 2T
김가루(선택)

라면스프 249쪽 참고
고기쌈장 233쪽 참고

간편하게 만드는 국물떡볶이예요. 달달한 떡볶이 국물을 좋아한다면 스위트너 1작은술 넣어 만들기를 권해요. 주먹밥과 같이 먹으면 말 그대로 끝내준답니다.

국물떡볶이

1 어묵은 곤약떡 크기로 썰어 두고 메추리알은 삶는다.
2 대파는 송송 썬다.
3 냄비에 육수와 라면스프를 넣고 강불로 끓인다.
4 끓어오르면 어묵과 메추리알, 대파, 곤약떡을 넣고 3분간 끓인다.

포인트

1에서 육수 대신 물을 넣어도 된다. 메추리알은 시판용 깐메추리알을 사용해도 괜찮다.

주먹밥

1 곤약밥에 생들기름을 넣고 잘 섞는다.
2 곤약밥을 동그랗게 빚어 손바닥으로 납작하게 누른 후 고기쌈장을 1작은술 넣는다.
3 곤약밥을 오므려 다시 동그랗게 빚는다.
4 김가루에 주먹밥을 굴려 완성한다.

포인트

주먹밥 속재료로 고기쌈장 대신 고수쌈장이나 표고버섯쌈장을 넣어도 된다. 캔참치와 마요네즈, 멸치볶음과 치즈, 제육볶음 등 냉장고 속 다양한 재료로 만들면 된다.

TIP

후추를 1/4작은술 더 넣으면 중독성 있는 후추떡볶이가 완성된다. 다진마늘, 스위트너 등은 기호에 따라 조절하면 된다. 곤약떡은 3분 끓였을 때 식감이 제일 좋다(인덕션 강도 8~9, 가스레인지 강불).

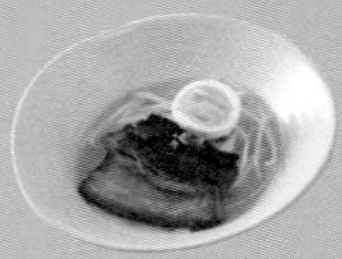

키토
라면
국수

사골스프라면(신라면블랙맛)

재료

넓은 두부면 1봉지
물 200ml
사골농축액 1포
(혹은 사골국물 200ml)
라면스프* 1T
대파 1/4대
청양고추(선택)

라면스프 249쪽 참고

신라면블럭을 참 좋아하는데 라면스프를 만들어 진하게 우린 사골 국물이 끓여 보고 정말 행복했답니다. 이 스프 한 숟가락이면 죄책감 없이 라면도 마음껏 먹을 수 있어요.

만들기

1 두부면은 깨끗한 물에 한 번 헹군 후 체에 밭쳐 물기를 뺀다.
2 냄비에 물과 사골농축액, 라면스프를 넣고 끓인다.
3 끓어오르면 두부면을 넣고 1분 더 끓인다.
4 그릇에 면과 국물을 담고 청양고추나 대파를 올린다.

TIP

굴림만두를 넣어 먹으면 더욱 든든한 한끼가 된다.
기호에 따라 청양고추를 가감한다.

차슈라면

차슈라면 재료

차슈 200g
사골곰탕 200ml
숙주 2줌
차슈 조린 간장 1T
다진 마늘 1t
대파 1대
후추
삶은 달걀 1개

차슈 재료

삼겹살 1kg
청주 400ml
물 600ml
진간장 1C
알룰로스 3T
스위트너 3T
양파 1개
마늘 6쪽
월계수잎 2장
통후추 10알
사과 1/4개
대파 흰부분 2대
대파 초록부분 1단 분량

시어머니께서는 수육을 만드실 때 재료를 모두 냄비에 넣은 다음 대파의 초록잎으로 이불을 덮듯이 완전히 덮어 끓이시는데 이 '대파이블'이 바로 수육 맛을 결정합니다.

만들기

1 숙주는 깨끗이 씻어 물기를 빼고 차슈는 얇게 썰어 준비한다.
2 냄비에 사골곰탕과 차슈 조린 간장, 다진 마늘을 넣고 끓여 국물을 만든다.
3 그릇에 숙주를 담고 2의 국물을 붓는다.
4 숙주 위에 차슈를 올리고 대파, 후추, 삶은 달걀을 올려 마무리한다.

차슈

1 밀폐 용기에 삼겹살, 후추, 월계수잎을 넣고 청주를 부어 뚜껑을 닫아 냉장고에서 1시간 이상 재운다.
2 커다란 냄비에 재워 둔 삼겹살과 청주를 그대로 붓는다.
3 분량의 물과 모든 재료를 냄비에 넣고 대파의 초록 부분으로 윗부분을 전부 덮는다(대파이불).
4 끓기 시작하면 중약불로 줄여 2시간 정도 끓인다.
5 조리가 끝난 삼겹살은 꺼내 식혀 두고 남은 국물의 건더기는 체에 걸러 버리고 간장물은 따로 보관한다.

더파이불

TIP

미리 만든 차슈를 사용한다면 프라이팬에 구워 차슈 간장 2큰술을 넣고 조려서 사용한다. 숙주 대신 두부면을 이용해도 좋다.
차슈 간장은 냉장 보관하고 맛간장으로 사용하면 여러 요리에 넣을 수 있다. 채 썬 양파를 넣고 졸이면 차슈 덮밥으로도 손색이 없다.

차돌대파라면

재료

얇은 두부면 1봉지
비법육수* 400ml
(또는 물)
라면스프* 2T
차돌박이 5장
양파 1/4개
다진 마늘 1t
대파 1대

비법육수 237쪽 참고
라면스프 249쪽 참고

대파는 요리에 들어가면 시원한 맛을 담당할 때가 많아요. 고기가 들어가도 개운한 맛의 라면을 먹고 싶다면 차돌박이나 우삼겹을 넣어 끓여보세요. 두부면을 사용하면 담백함까지 느낄 수 있어요.

만들기

1 두부면은 깨끗한 물에 한 번 헹군 후 체에 밭쳐 물기를 뺀다.
2 양파는 채 썰고 대파는 송송 썬다.
3 냄비에 차돌박이를 구워 기름을 낸 후 스프를 넣어 살짝 볶는다(스프기름).
4 육수를 붓고 끓어오르면 채 썬 양파와 다진 마늘을 넣고 양파가 익을 때까지 끓인다.
5 두부면과 대파를 넣고 1분 후 불을 끄고 그릇에 담는다.

포인트

4에서 육수 대신 물을 사용해도 된다. 대파는 기호에 따라 양을 늘려도 된다.

TIP

온천달걀을 만들어 라면 국물을 1큰술 넣고 노른자를 터트린 후 소스처럼 찍어 먹어도 별미다. 온천달걀은 175쪽 참고.

순두부차돌라면

재료

순두부 1봉지(200g)
얇은 두부면 1봉지
차돌박이 200g
달걀 1개
양파 1/4개
애호박 1/4개
대파 1대
청양고추 1개
비법육수* 400ml
숙주 2줌

양념

고춧가루 2T
간장 1T
생들기름 2T
새우젓 1T
다진 마늘 1T
다진 생강 1/4t

비법육수 237쪽 참고

만들기

1 숙주는 깨끗이 씻어 물기를 제거하여 그릇에 담아 둔다.
2 두부면은 깨끗한 물에 한 번 헹구어 체에 밭쳐 물기를 뺀다.
3 양파는 채 썰고 애호박은 도톰하게 반달 모양으로 썰어 둔다.
4 대파와 고추는 송송 썰어 준비한다.
5 냄비에 생들기름을 드르고 차돌박이를 넣어 강불에 볶아 익으면 중불에서 고춧가루를 넣고 1분 볶는다.
6 순두부와 새우젓, 다진 생강, 다진 마늘을 넣고 육수를 부어 강불로 끓인다.
7 국물이 끓으면 손질한 채소를 넣고 채소가 익으면 간장으로 간한 후 달걀을 넣고 불에서 내린다.
8 1의 숙주가 담긴 그릇에 국물과 건더기를 부어 완성한다.

포인트

2의 두부면은 숙주나 곤약면으로 대체할 수 있다.
5의 순두부는 부서지기 쉬우므로 숟가락으로 큼지막하게 뚝뚝 끊어준다.

TIP

육수 대신 물을 사용해도 된다. 바지락을 추가하면 시원한 해물맛을 즐길 수 있고, 차돌박이 대신 바지락을 넣으면 순두부바지락라면이 된다.

애호박멸치칼국수

재료

넓은 두부면 1봉지
애호박 1/4개
당근 1/5개
양파 1/4개
비법육수* 400ml
다진 마늘 1T
국간장 1T
대파 1대
청양고추 1/2개
김가루 1/2컵(선택)
소금, 후추

*비법육수 237쪽 참고

애호박 칼국수를 만들 때는 항상 애호박 부침개도 같이 만들게 돼요. 얇게 채 썬 애호박에 소금을 살짝 뿌려 밀가루 빼고 달걀 한 개 풀어 들기름에 구워 보세요. 정말 맛있어요.

만들기

1. 두부면은 깨끗한 물에 한 번 헹군 후 체에 밭쳐 물기를 뺀다.
2. 대파와 청양고추는 송송 썰고, 애호박과 당근, 양파는 채 썰어 준비한다.
3. 냄비에 육수를 붓고 끓어오르면 채 썬 양파, 당근, 애호박을 넣는다.
4. 채소가 익으면 다진 마늘, 대파, 국간장을 넣는다.
5. 두부면을 넣고 소금과 후추로 간을 맞춘 후 그릇에 담아 청양고추와 김가루를 올려 완성한다.

간단 육수

물 1리터에 손질한 국물용 멸치 한 줌과 다시마 1장을 넣고 10분간 끓인다.

TIP

비법육수를 만들기 번거로울 때는 간단 육수를 만들어도 된다. 탄수화물을 어느 정도 허용한다면 감자 1/4개만 채 썰어 넣으면 시판용 칼국수 국물의 농도에 더 가깝게 먹을 수 있다.

고추장칼국수

재료

넓은 두부면 1봉지
달걀 3개
애호박 1/4개
양파 1/4개
대파 1대
청양고추 1/2개
비법육수* 500ml
숙주 1줌

양념장

된장 1/2T
고추장* 1T
국간장 1T
다진 마늘 1T
고춧가루 1T

비법육수 237쪽 참고
고추장 229쪽 참고

만들기

1 두부면은 깨끗한 물에 한 번 헹군 후 체에 밭쳐 물기를 뺀다.
2 대파와 청양고추는 송송 썰고 애호박과 양파는 채 썬다.
3 달걀은 대파를 넣어 잘 풀어 두고 분량의 재료를 모두 섞어 양념장을 단들어 둔다.
4 냄비에 육수를 넣고 끓어오르면 2의 양파, 애호박과 3의 양념장을 넣는다.
4 대파달걀물을 두른 후 달걀이 익으면 두부면을 넣고 한소끔 끓인다.
5 그릇에 담아 숙주를 올려 완성한다.

포인트
5의 숙주는 완전히 익지 않아도 아삭하게 즐길 수 있다.

TIP
바지락과 오징어를 넣어 만들어도 괜찮다. 아삭한 숙주를 더 넣고 두부면을 줄이는 것도 추천한다. 숙주를 을릴 때는 국물이 뜨거울수록 좋다. 기호에 따라 김가루를 올리는 것도 좋다.

장아찌국수

재료

미역국수 1봉지
장아찌물* 1/4C
물 1/2C
다진 김치 1t
다진 대파 1t
무장아찌 1t
청양고추 1/4개

장아찌물 255쪽 참고

장아찌만 있다면 언제든지 시원하게 만들어 먹을 수 있는 국수예요. 고기를 구워 먹고 개운하게 한 그릇 말아드세요. 고깃집 냉면이 부럽지 않아요.

만들기

1 장아찌물과 물을 섞어 미리 냉동실에 얼려 둔다.
2 미역국수 1봉지는 깨끗한 물에 씻어 물기를 빼고 그릇에 담아 준비한다.
3 얼려 둔 장아찌물을 잘게 부숴 살얼음을 만들어 붓는다.
4 다진 김치와 다진 대파, 무장아찌, 송송 썬 청양고추를 올려 마무리한다.

포인트

1에서 장아찌물과 물을 비닐백에 넣어 얼리면 편리하다.
동치미국물을 얼려도 좋다.

TIP

장아찌국수용으로 쓸 장아찌물은 경이나물이나 마늘종과 같은 향긋한 채소로 만든 장아찌가 향도 좋고 맛도 깊다.

맛간장비빔국수

재료

라이트누들 1봉지
다진 소고기 100g
애호박 1/4개
당근 1/4개
양파 1/4개
올리브오일 1T

밑간

청주 1T
다진 마늘 1T
국간장 1t
생들기름 1T

소스

맛간장* 2T
애플사이다식초 1t
생들기름 1T

맛간장 237쪽 참고

만들기

1 라이트누들 1봉지는 깨끗한 물에 씻어 물기를 빼고 그릇에 담아 준비한다.
2 다진 소고기는 밑간하여 재워 두고 애호박, 당근, 양파는 채 썰어 둔다.
3 팬에 올리브오일을 두르고 애호박, 당근, 양파를 볶아 접시에 덜어 내고 밑간한 소고기를 볶는다.
4 맛간장과 애플사이다식초, 생들기름을 섞어 소스를 만든다.
5 국수에 4의 소스를 넣고 볶은 채소 들과 소고기를 올려 완성한다.

TIP

고기를 밑간할 때 국간장을 맛간장 1작은술로 대체해도 된다.

열무비빔국수&갓김치비빔국수

재료

미역국수 1봉지
열무김치 1/4C
오이 1/4개
양파 1/4개
키토비빔장* 2T
생들기름 1T
삶은 달걀 1개

*키토비빔장 235쪽 참고

만들기

1 미역국수 1봉지는 깨끗한 물에 씻어 물기를 빼고 그릇에 담아 준비한다.
2 오이와 양파는 가늘게 채 썬다.
3 열무김치에 생들기름을 넣어 잘 버무린다.
4 그릇에 비빔장을 올리고 오이와 양파, 열무김치를 올려 완성한다.
5 반숙으로 삶은 달걀을 반으로 잘라 올린다.

TIP

열무김치 대신 잘 익은 갓김치를 들기름에 버무려 올려도 맛있다.

들기름막국수

재료

곤약면 1봉지
맛간장* 1T
들깻가루 1T
구운김 1줌
생들기름 3T
식초 약간
알룰로스 약간(선택)

맛간장 237쪽 참고

키토식으로 들기름국수를 만들었어요. 수육과 백김치가 있으면 더욱 좋지요. 잘 익은 김치를 씻어 들기름에 살짝 볶아 같이 먹어도 유명 맛집 부럽지 않답니다.

만들기

1 곤약면 1봉지는 깨끗한 물에 씻어 식초물에 살짝 데쳐 찬물에 헹궈 물기를 빼둔다.
2 구운 김은 비닐봉지에 넣어 잘게 부순다.
3 볼에 맛간장, 알룰로스, 들깻가루를 넣고 고루 섞어 양념을 만든다.
4 그릇에 곤약면을 담고 양념을 넣는다.
5 구운 김을 올리고 생들기름을 둘러 완성한다.

포인트

1에서 물을 끓일 때 식초를 넣는다.
3에서 간을 본 후 기호에 맞게 알룰로스를 약간 넣는다.

TIP

맛간장 대신 진간장 1큰술에 알룰로스 1작은술 사용해도 된다.

오이콩나물비빔면

재료

오이 1개
콩나물 1줌
키토비빔장* 1T
삶은 계란 1개(반숙)

키토비빔장 235쪽 참고

추억의 장우동이 가끔 생각날 때가 있지요. 특히 납작만두에 올려서 먹는 비빔국수는 기억에서 지워지지 않아요. 팔레오 랩을 팬에 살짝 그워 오이 콩나물 비빔면을 싸 먹으면 추억을 떠올릴 수 있어요.

만들기

1 오이는 껍질을 벗겨 커터를 이용해 길게 채 썬다.
2 콩나물은 끓는 물에 4분 데쳐 찬물에 헹궈 물기를 빼서 준비한다.
3 채 썬 오이를 돌돌 말아 그릇에 넣고 콩나물, 비빔장, 삶은 달걀을 올려 완성한다.

포인트

1의 과정에서 칼로 채 썰어도 되고 필러를 이용해도 된다.

TIP

기호에 따라 생들기름이나 참기름을 두른다.

당근콩나물비빔면

재료

당근 1개
콩나물 1줌
키토비빔장* 1T
삶은 달걀 1개(반숙)

*키토비빔장 235쪽 참고

매콤달콤한 비빔면은 언제나 입맛을 돋우지요. 간단하면서도 건강하고 갓있는 당근비빔면을 먹어 보면 더 이상 시판용 비빔면이 생각나지 않을 거예요.

만들기

1. 당근은 껍질을 벗겨 커터를 이용해 길게 채 썬다.
2. 콩나물은 끓는 물에 4분간 데쳐 찬물에 헹궈 물기를 빼서 준비한다.
3. 채 썬 당근을 돌돌 말아 그릇에 넣고 콩나물, 비빔장, 삶은 달걀을 올려 완성한다.

TIP

기호에 따라 생들기름이나 참기름을 두른다.
꼬들꼬들한 당근면으로 먹고 싶다면 소금을 뿌려 30분간 재운 후 찬물로 소금을 깨끗이 헹궈 물기를 꼭 짜내면 된다.

쫄면

재료

미역국수 1봉지
삶은 달걀 1개
콩나물 1줌
오이 1/4개
양파 1/8개
무피클 1/8컵
양배추 1장
깻잎 3장

양념장

키토비빔장* 4T
애플사이다식초 1T
생들기름 1T

키토비빔장 235쪽 참고

쫄면하면 김이 모락모락 피어오르는 찐만두가 떠올라요. 쫄면과 만두는 데려야 뗄 수 없는 환상의 짝꿍이지요. 우리에겐 저탄수 굴림만두가 있으니 미역국수 쫄면에 굴림만두를 곁들여 보세요.

만들기

1 미역국수는 깨끗한 물에 씻어 물기를 빼 둔다.
2 분량의 재료를 모두 섞어 양념장을 만들어 둔다.
3 콩나물은 끓는 물에 1분만 데친 후 찬물에 헹궈 아삭하게 준비한다.
4 오이, 양파, 무피클, 양배추, 깻잎은 채 썬다.
5 미역국수에 양념장을 넣고 비벼 그릇에 담는다.
6 콩나물과 채소, 무피클, 삶은 달걀을 올려 완성한다.

포인트

3에서 콩나물을 팬에 펼쳐 넣고 물 3큰술을 넣어 뚜껑을 덮고 3분 정도 익혀도 된다.

TIP

미역국수 대신 소금에 절인 꼬들꼬들한 당근면을 사용해도 좋다.
기호에 따라 양배추, 깻잎 등 채소를 곁들여도 좋다.

키토 김밥

당근김밥

재료

김
슬라이스치즈 4장
당근채* 3줌
깻잎 9장
달걀 4개
우엉채볶음* 1줌
궁채볶음* 3줄
빨강노랑 파프리카 약간

우엉채볶음 재료

우엉 250g
식초 1T
맛간장* 2T
알룰로스 2T
올리브오일 2T
물 5T

당근채·우엉채볶음 28쪽 참고
궁채볶음 29쪽 참고
궁채 불리기 29, 255쪽 참고
맛간장 237쪽 참고

재료 만들기

1 채 썬 당근은 소금 1작은술을 넣고 10분 정도 절인 후 올리브오일을 두른 팬에 살짝 볶으며 수분을 날린다.
2 깻잎은 깨끗이 씻어 물기를 제거한다.
3 달걀은 잘 풀어 지단을 간든 후 채 썬다.
4 우엉채는 올리브오일을 두른 팬에 물을 넣고 10분 정도 볶다가 맛간장과 알룰로스를 넣어 수분을 날리며 볶는다.
5 궁채는 물에 불려 20센티미터 길이로 잘라 올리브오일에 소금을 넣고 식감이 살도록 볶는다.
6 파프리카는 깨끗이 씻어 씨를 뺀 후 채 썬다.

포인트

5의 불린 궁채는 물에 씻어 물기를 꼭 짠 후 용도에 맞게 잘라서 사용한다.
맛간장이 없다면 진간장 4T, 청주 1T, 스위트너 혹은 알룰로스 2T를 섞어 사용한다.

김밥 말기

1 김 위에 슬라이스치즈 4장을 넓게 펼쳐 깔고 당근채 3줌을 고르게 펴서 올린다.
2 당근 위에 깻잎 9장을 깔고 지단채, 우엉채볶음, 궁채볶음, 파프리카를 올려 말아준다.
3 이음새 부분이 바닥에 닿도록 5분 정도 두고 생들기름을 발라 썰어준다.

TIP

궁채는 줄기상추로 일반 상추와는 다르다. 뚱채 혹은 아스파라거스레터스라고도 한다. 말린 궁채는 4시간 정도 불려서 사용하고 오독오독한 식감이 일품이다. 불리면 말린 궁채 양의 3~4배가 된다.

소시지김밥

재료

김
달걀 3개
다진 대파 약간
당근채* 2줌
단무지* 1줄
시금치나물* 1줌
우엉채볶음* 1줌
빨간파프리카 약간
소시지
소금 약간
통깨 약간
올리브오일 약간
생들기름 약간

당근채 28쪽 참고
단무지 251쪽 참고
시금치나물 28쪽 참고
우엉채볶음 28쪽 참고

재료 만들기

1 달걀에 다진 대파를 넣고 잘 풀어 지단을 부친다.
2 채 썬 당근은 소금 1작은술을 넣고 10분 정도 절인 후 올리브오일을 두른 팬에 살짝 볶으며 수분을 날린다.
3 파프리카는 씨를 제거한 후 채 썰고 단무지는 채 썬다.
4 우엉채는 올리브오일을 두른 팬에 물을 넣고 10분 정도 볶다가 맛간장과 알룰로스를 넣어 수분을 날리며 볶는다.
5 시금치는 끓는물에 살짝 데친 후 소금, 통깨, 생들기름을 넣어 무친다.

김밥 말기

1 김 위에 대파지단을 통째로 올린다.
2 당근채, 단무지, 시금치나물, 우엉채볶음, 파프리카 순으로 올린다.
3 가운데 소시지를 올려 말아준다.
4 이음새 부분이 바닥에 닿도록 5분 정도 두었다가 생들기름(트러플오일)을 발라 썰어준다.

포인트

4에서 김밥에 생들기름, 참기름, 트러플오일 등 기호에 맞게 발라준다.

TIP

달걀 통지단을 사용할 때는 달걀 3개, 채 썰어 사용할 때는 4개, 돌돌 말아 달걀말이로 사용할 때는 1.5개 분량이 사용된다. 김밥에 따라 약간의 차이가 있을 수 있다.

곤약김밥

재료

김
곤약밥 75g
달걀 1.5개 분량
다진 대파 약간
로메인 8장
시금치나물* 1줌
단무지*
당근채* 2줌
궁채볶음* 4줄
슬라이스햄 4장
올리브오일

시금치나물 28쪽 참고
단무지 251쪽 참고
당근채 28쪽 참고
궁채볶음 29쪽 참고

재료 만들기

1. 달걀에 다진 대파를 넣고 잘 풀어 돌돌 말아준다.
2. 로메인은 깨끗이 씻어 물기를 제거한다.
3. 시금치는 끓는물에 살짝 데친 후 소금, 통깨, 생들기름을 넣어 무친다.
4. 채 썬 당근은 소금 1작은술을 넣고 10분 정도 절인 후 올리브오일을 두른 팬에 살짝 볶으며 수분을 날린다.
5. 궁채는 물에 불려 20센티미터 길이로 잘라 올리브오일에 소금을 넣고 식감이 살도록 볶는다.
6. 슬라이스햄은 얇게 채 썬다.

김밥 말기

1. 김 위에 곤약밥을 최대한 얇고 고르게 펼쳐 깔아준다.
2. 로메인 8장은 줄기 방향을 엇갈리게 겹쳐 깔아준다.
3. 대파달걀말이, 시금치나물, 단무지, 당근채, 궁채볶음, 슬라이스햄을 차례로 올리고 돌돌 말아준다.
4. 이음새 부분이 바닥에 닿도록 5분 정도 두었다가 썰어준다.

TIP

로메인은 일반상추나 깻잎, 케일 등으로 대체할 수 있다. 재료가 없다고 일부러 나가서 사지 말고 냉장고에 있는 이파리 채소를 사용하면 된다.

간장제육김밥

재료

김
곤약밥 75g
달걀 1.5개 분량
대파 약간
청상추 8장
당근채* 1줌
오이채 1줌
청양고추 2개
간장제육 200g

간장제육 양념

돼지고기 불고기감 200g
다진 대파 1T
맛간장* 2T
알룰로스 1/2T
후추
대파올리브절임* 1T

당근채 28쪽 참고
맛간장 237쪽 참고
대파올리브절임 243쪽 참고

재료 만들기

1 분량의 재료를 모두 섞어 간장 양념을 만들어 고기를 재운다.
2 달걀에 다진 대파를 넣고 잘 풀어 달걀을 돌돌 말아준다.
3 청상추는 깨끗이 씻어 물기를 제거한다.
4 채 썬 당근은 소금 1작은술을 넣고 10분 정도 절인 후 올리브 오일을 두른 팬에 살짝 볶으며 수분을 날린다.
5 오이는 씨부분을 걷어내고 채 썬다.
6 양념에 미리 재워 둔 고기를 볶아 제육을 만든다.

김밥 말기

1 김의 4/5지점까지 곤약밥을 최대한 얇고 고르게 펼쳐 깔아준다.
2 청상추 6장은 줄기 방향을 엇갈리게 겹쳐 깔아준다.
3 당근채, 오이채, 대파달걀말이를 올린다.
4 청양고추는 꼭지를 잘라 잘 맞춰서 올린다.
5 간장제육을 듬뿍 올린 후 청상추 2장으로 덮어 꾹 눌러주며 말아준다.
6 이음새 부분이 바닥에 닿도록 5분 정도 두었다가 생들기름을 발라 썰어준다.

포인트

4번의 청양고추는 비슷한 굵기의 곧은 것으로 사용한다.

TIP

제육을 만들 때 대파올리브절임 1큰술에 양념된 고기를 넣고 수분감 없게 볶아준다.
김밥을 썰기 전 반드시 생들기름을 바르지 않아도 된다. 기호에 맞게 참기름이나 트러플오일을 발라도 된다.

채끝스테이크김밥

재료

김
슬라이스치즈 4장
채끝스테이크* 200g
아스파라거스 1줄
루꼴라 1줌
빨강노랑 파프리카
블루치즈소스*
올리브오일
소금, 후추

채끝스테이크 90쪽 참고
아스파라거스 91쪽 참고
블루치즈소스 91쪽 참고

재료 만들기

1 채끝은 스테이크한다.
2 아스파라거스는 굽는다.
3 루꼴라는 깨끗하게 씻어 물기를 제거한다.
4 파프리카는 씨를 제거한 후 채 썬다.
5 블루치즈소스를 만든다.

김밥 말기

1 김 위에 슬라이스치즈 4장을 넓게 깔아준다.
2 재료 들을 차례로 올린 후 꾹 눌러가며 말아준다.
3 이음새 부분이 바닥에 닿도록 5분 정도 두었다가 생들기름을 발라 썰어준다.

TIP

김밥을 쌀 때 자신의 취향에 따라 색감을 예상하며 재료 들을 올린다. 보기 좋은 떡이 맛도 좋다는 속담처럼 썰었을 때 예쁘면 맛이 배가 되는 느낌이 든다.

채끝스테이크

재료

채끝 400g
올리브오일 1T
버터 10g
마늘 4알(선택)
소금, 후추

1 고기 겉면의 핏물은 키친타월로 눌러 제거한다.
2 고기에 소금을 뿌린다.
3 프라이팬을 강불로 달궈 연기가 올라오면 올리브오일을 두르고 고기를 올린다.
4 원하는 굽기로 한 쪽면을 익힌 뒤 버터와 마늘을 넣고 뒤집어 나머지 한 쪽도 익히면서 버터를 두른다.
5 5분 정도 레스팅한다.
6 먹기 전에 후추를 뿌린다.

TIP

마늘은 기호에 따라 통으로 사용하거나 편으로 썰어도 되고 칼로 으깨어도 된다.
소고기는 냉장 상태보다 30분~1시간 전에 실온에 두어 사용한다.

블루치즈소스 재료

블루치즈 100g
생크림 50ml
후추 약간

아스파라거스 재료

아스파라거스 200g
올리브오일 1T
소금, 후추

블루치즈소스

1 분량의 재료를 냄비에 넣고 약불로 끓여 블루치즈와 생크림을 잘 섞는다.
2 불에서 내려 식힌 후 냉장 보관한다.

아스파라거스 굽는 법

1 아스파라거스는 잘 씻어 물기를 제거한다.
2 아스파라거스의 단단한 끝부분은 잘라내고 연한 줄기만 사용한다.
3 프라이팬은 중불로 달군 뒤 올리브오일을 두르고 아스파라거스를 볶는다.
4 소금과 후추를 뿌려 완성한다.

포인트

2의 과정에서 필러로 껍질을 벗기면 좀 더 연하게 즐길 수 있다. 단단한 끝부분을 자라낼 때는 칼보다 손으로 툭 끊으면 된다.

TIP

아스파라거스는 굵기의 따라 볶는 시간이 약간씩 다르다.

마늘종간장제육김밥

재료

김
달걀 3개
로메인 6장
당근채* 2줌
마늘종 5줄
간장제육 200g
올리브오일 1t

간장제육 양념

돼지고기 불고기감 200g
다진 대파 1T
맛간장* 2T
알룰로스 1/2T
후추
대파올리브절임* 1T

당근채 28쪽 참고
맛간장 237쪽 참고
대파올리브절임 243쪽 참고

재료 만들기

1 분량의 재료를 모두 섞어 간장 양념을 만들어 돼지고기를 재운다.
2 달걀을 잘 풀어 도톰하게 지단을 부친다.
3 마늘종은 올리브오일에 살짝 볶는다.
4 채 썬 당근은 소금 1작은술을 넣고 10분 정도 절인 후 올리브오일을 두른 팬에 살짝 볶으며 수분을 날린다.
5 양념에 미리 재워 둔 고기를 볶아 제육을 만든다.

포인트
맛간장이 없다면 진간장 4T, 청주 1T, 스위트너 혹은 알룰로스 2T를 섞어 사용한다.

김밥 말기

1 김 아래부분에 맞춰 지단을 올려준다.
2 로메인 6장은 줄기 방향을 엇갈리게 겹쳐 깔아준다.
3 당근채, 마늘종, 간장제육을 올리고 힘 있게 눌러 말아준다.
4 이음새 부분이 바닥에 닿도록 5분 정도 두었다가 생들기름을 발라 썰어준다.

TIP
간장제육용으로 되지고기 앞다리살을 사용하면 된다.
생마늘종을 그대로 사용하면 아릴 수 있기 때문에 살짝 볶아준다.

기본키토김밥

재료

김
달걀 4개
당근채* 2줌
시금치나물* 1줌
우엉채볶음* 1줌
빨간 파프리카
슬라이스햄 4장
단무지*

당근채·시금치나물 28쪽 참고
우엉채볶음 28쪽 참고
단무지 251쪽 참고

재료 만들기

1 달걀은 잘 풀어 지단을 부쳐 채 썬다.
2 채 썬 당근은 소금 1작은술을 넣고 10분 정도 절인 후 올리브오일을 두른 팬에 살짝 볶으며 수분을 날린다.
3 시금치는 끓는 물에 살짝 데친 후 소금, 통깨, 생들기름을 넣어 무친다.
4 우엉채는 올리브오일을 두른 팬에 물을 넣고 10분 정도 볶다가 맛간장과 알룰로스를 넣어 수분을 날리며 볶는다.
5 파프리카는 씨를 제거하고 채 썬다.
6 슬라이스햄은 채 썬다.
7 단무지는 채 썬다.

김밥 말기

1 김 위에 4/5 지점까지 지단채를 펼쳐 깔아준다.
2 재료를 차례로 올려 힘주어 말아준다.
3 이음새 부분이 바닥에 닿도록 5분 정도 두었다가 생들기름을 발라 썰어준다.

TIP

시판용 우엉채를 사용하면 편리하지만 첨가제가 들어 있으니 만들기를 권한다. 많은 양이 아니기 때문에 허용치에 따라 시판용을 사용해도 크게 나쁘지는 않다.

매콤제육김밥

재료

김
달걀 3개
청상추 8장
당근채* 2줌
마늘종 5줄
매콤제육 200g
올리브오일

매콤제육 양념

돼지고기 불고기감 200g
다진 대파 1T
맛간장* 1T
고추장 1T
고춧가루 1T
알룰로스 1/2T
후추
대파올리브절임* 1T

당근채 28쪽 참고
맛간장 237쪽 참고
대파올리브절임 243쪽 참고

재료 만들기

1 분량의 재료를 모두 섞어 매콤제육 양념에 고기를 재워 둔다.
2 달걀은 잘 풀어 지단을 부친다.
3 상추는 깨끗이 씻어 물기를 제거한다.
4 채 썬 당근은 소금 1작은술을 넣고 10분 정도 절인 후 올리브오일을 두른 팬에 살짝 볶으며 수분을 날린다.
5 마늘종은 올리브오일에 살짝 볶는다.
6 돼지고기는 미리 양념하여 수분감 없이 매콤하게 볶는다.

포인트

맛간장이 없다면 진간장 4T, 청주 1T, 스위트너 혹은 알룰로스 2T를 섞어 사용한다.

김밥 말기

1 김 위에 달걀지단을 통째로 올린다.
2 청상추 6장은 줄기 방향을 엇갈리게 겹쳐 깔아준다.
3 당근채와 마늘종을 올린다.
4 매콤제육을 듬뿍 올린 후 청상추 2장으로 덮어 꾹 눌러주며 말아준다.
5 이음새 부분이 바닥에 닿도록 5분 정도 두었다가 생들기름을 발라 썰어준다.

TIP

지단이 밥 대용일 때는 도톰해야 보기에도 예쁘고 식감도 풍성하다. 또 매콤한 제육의 맛을 중화시켜 매운 음식을 잘 먹지 못하는 사람에게도 권할 수 있다.

베이컨지단김밥

재료

김
달걀 4개
베이컨 6줄
할라피뇨피클* 8개
빨간 파프리카
케일 4장

*할라피뇨피클 253쪽 참고

재료 만들기

1 달걀은 잘 풀어 지단을 부친 후 채 썬다.
2 베이컨은 팬에 살짝 익힌다.
3 할라피뇨피클은 물기를 꼭 짠다.
4 파프리카는 씨를 제거한 후 채 썬다.
5 케일은 깨끗이 씻어 물기를 제거한다.

김밥 말기

1 김 4/5 지점까지 지단채를 펼쳐 깔아준다.
2 베이컨, 할라피뇨피클, 파프리카를 올려준다.
3 케일을 김 길이에 맞게 겹쳐 돌돌 말아 올려준다.
4 힘주어 꾹 눌러가며 말아준다.
5 이음새 부분이 바닥에 닿도록 5분 정도 두었다가 생들기름을 발라 썰어준다.

TIP

지단을 채 썰 때 동일한 굵기로 고르게 썰고, 김 위에 펼칠 때도 줄을 잘 세워 고르게 펼치는 게 이 김밥의 핵심이다.

크래미김밥

재료

김
크래미 6개
깻잎 9장
단무지*
당근채* 1줌
달걀 1.5개
오이채 1줌
적채라페* 1줌
빨강노랑 파프리카
청양고추 1개

당근채 28쪽 참고
단무지 251쪽 참고
적채라페 263쪽 참고

재료 만들기

1 크래미는 잘게 찢어둔다.
2 깻잎은 깨끗이 씻어 물기를 제거한다.
3 채 썬 당근은 소금 1작은술을 넣고 10분 정도 절인 후 올리브 오일을 두른 팬에 살짝 볶으며 수분을 날린다.
4 달걀은 잘 풀어 돌돌 말아준다.
5 오이는 씨부분을 걷어내고 채 썬다.
6 적채라페는 물기를 꼭 짜준다.
7 파프리카는 씨를 제거한 후 채 썬다.
8 청양고추는 세로로 반 가른다.

김밥 말기

1 김 4/5 지점까지 잘게 찢은 크래미를 눌러가며 골고루 펼쳐 깔아준다.
2 깻잎 6장을 올려 깔고 속재료를 모두 올린 후 깻잎 3장으로 덮어 힘주어 말아준다.
3 이음새 부분이 바닥에 닿도록 5분 정도 두었다가 생들기름을 발라 썰어준다.

TIP

완성된 김밥은 크래미의 결이 보여 보기에도 예쁘고 더욱 먹음직스럽다.

매콤제육감태김밥

재료

감태 2장
흑미곤약밥 75g
아이스퀸상추 6장
당근채* 1줌
궁채볶음* 4줄
매콤제육 200g

매콤제육 양념

돼지고기 불고기감 200g
다진 대파 1T
맛간장* 1T
고추장 1T
고춧가루 1T
알룰로스 1/2T
후추
대파올리브절임* 1T

당근채 28쪽 참고
궁채볶음 29쪽 참고
맛간장 237쪽 참고
대파올리브절임 243쪽 참고

재료 만들기

1 분량의 재료를 모두 섞어 매콤제육 양념에 고기를 재워 둔다.
2 상추는 깨끗이 씻어 물기를 제거한다.
3 채 썬 당근은 소금 1작은술을 넣고 10분 정도 절인 후 올리브오일을 두른 팬에 살짝 볶으며 수분을 날린다.
4 궁채는 물에 불려 20센티미터 길이로 잘라 올리브오일에 소금을 넣고 식감이 살도록 볶는다.
5 돼지고기는 미리 양념하여 수분감 없이 매콤하게 볶는다.

포인트

맛간장이 없다면 진간장 4T, 청주 1T, 스위트너 혹은 알룰로스 2T를 섞어 사용한다.

김밥 말기

1 감태 4/5지점 까지 흑미곤약밥을 최대한 얇고 고르게 펼쳐 깔아준다.
2 상추 4장은 줄기 방향을 엇갈리게 겹쳐 밥 위에 깔아준다.
3 당근채, 궁차볶음, 매콤제육을 듬뿍 올린 후 상추 2장으로 덮어 꾹 눌러주며 말아준다.
4 감태는 얇고 성글기 때문에 한 장 더 겹쳐 말아 이음새 부분이 바닥에 닿도록 5분 정도 두었다가 썰어준다.

TIP

감태는 김과 달리 얇고 성글기 때문에 잘 찢어진다. 처음부터 두 장을 겹치기보다 한 번 말아준 다음 다시 한 장을 겹쳐 돌돌 말면 더 튼튼하다. 랩으로 감싼 후 썰면 감태가 찢어지지 않고 단단하고 예쁘게 잘 썰린다.

대패삼겹매실장아찌김밥

재료

김
곤약밥 75g
청상추 6장
당근채* 1줌
달걀 1.5개 분량
미나리 1줌
매실장아찌* 약간
고추장 약간
대패삼겹살

당근채 28쪽 참고
매실장아찌 261쪽 참고

재료 만들기

1 달걀은 잘 풀어 돌돌 말아준다.
2 상추는 깨끗이 씻어 물기를 제거한다.
3 채 썬 당근은 소금 1작은술을 넣고 10분 정도 절인 후 올리브 오일을 두른 팬에 살짝 볶으며 수분을 날린다.
4 매실장아찌는 한 줌에 고추장 1작은술 비율로 넣어 조물조물 무친다.
5 대패삼겹살은 펼치지 말고 돌돌 말린 상태로 소금과 후추로 간하여 굽는다.
6 미나리는 깨끗이 씻어 삼겹살과 같이 볶는다.

포인트

4의 매실장아찌 한 줌에 고추장 1작은술을 넣으면 김밥 4줄 분량이다.

김밥 말기

1 김 4/5지점까지 곤약밥을 최대한 얇고 고르게 펼쳐 깔아준다.
2 청상추 4장은 줄기 방향을 엇갈리게 겹쳐 밥 위에 깔아준다.
3 당근채, 달걀말이, 매실장아찌, 미나리, 대패삼겹살을 올린다.
4 청상추 2장으로 덮어 꾹 눌러주며 말아준다.
5 이음새 부분이 바닥에 닿도록 5분 정도 두었다가 생들기름을 발라 썰어준다.

TIP

대패삼겹살을 펼치기보다 돌돌 말린 상태로 구워 김밥을 싸면 동글동글한 모양이 귀엽고 속도 꽉 차보인다.

연어감태김밥

재료

감태 2장
슬라이스치즈 4장
달걀 1개
당근채* 1줌
오이채 1줌
연어 150g
아보카도 1/2개
무순 약간
케일 4장

매콤마요 소스

마요네즈 3T
핫소스 1t
다진 마늘 1/2t
소금·후추 약간

홀스래디쉬소스

마요네즈 2T
홀스래디쉬 1t

할라피뇨소스

마요네즈 3T
다진 할라피뇨피클 1t

당근채 28쪽 참고

재료 만들기

1 달걀은 잘 풀어 지단을 부친다.
2 채 썬 당근은 소금 1작은술을 넣고 10분 정도 절인 후 올리브 오일을 두른 팬에 살짝 볶으며 수분을 날린다.
3 오이는 씨부분을 걷어내고 채 썬다.
4 아보카도는 씨를 제거하고 세로로 도톰하게 썬다.
5 케일은 깨끗이 씻어 물기를 제거한다.

김밥 말기

1 감태에 슬라이스치즈 4장을 깔고 지단 반쪽을 올린다.
2 당근채, 오이채, 무순, 연어, 아보카도, 돌돌 만 케일을 올려 힘 주어 말아준다.
3 감태는 한 장 더 겹쳐 말아 이음새 부분이 바닥에 닿도록 5분 정도 두었다가 썰어준다

포인트

소스 들을 곁들이면 훨씬 맛있는 김밥을 먹을 수 있다.

TIP

감태는 성글기 때문에 두 장을 사용한다. 랩으로 말아주면 감태가 찢어지지 않고 단단하고 예쁘게 잘 썰린다.

소불고기김밥

재료

김
곤약밥 75g
로메인 8장
당근채* 1줌
무말랭이장아찌* 1줌
지단채 1줌
소불고기 200g

소불고기 양념

소고기 불고기감 200g
맛간장* 2T
다진 대파 1T
알룰로스 1/2t
후추
대파올리브절임* 1T

당근채 28쪽 참고
무말랭이장아찌 255쪽 참고
맛간장 237쪽 참고
대파올리브절임 243쪽 참고

재료 만들기

1 달걀은 잘 풀어 지단을 부친 후 채 썬다.
2 로메인은 깨끗이 씻은 후 물기를 제거한다.
3 채 썬 당근은 소금 1작은술을 넣고 10분 정도 절인 후 올리브 오일을 두른 팬에 살짝 볶으며 수분을 날린다.
4 무말랭이장아찌는 물기를 꼭 짠다.
5 소불고기는 양념에 재워 대파올리브절임 1큰술을 넣고 수분감 없이 바싹 볶는다.

포인트
맛간장이 없다면 진간장 4T, 청주 1T, 스위트너 혹은 알룰로스 2T를 섞어 사용한다.

김밥 말기

1 김 4/5지점까지 곤약밥을 최대한 얇고 고르게 펼쳐 깔아준다.
2 로메인 6장은 줄기 방향을 엇갈리게 겹쳐 밥 위에 깔아준다.
3 당근채, 무말랭이장아찌, 지단채 1줌, 소불고기를 올린 후 로메인 2장으로 덮어 꾹 눌러주며 말아준다.
4 이음새 부분이 바닥에 닿도록 5분 정도 두었다가 생들기름을 발라 썰어준다.

TIP
상추나 깻잎 같은 잎채소의 경우 줄기부분이 한 방향으로만 가지 않도록 엇갈리게 겹쳐 여러 장 깔아준다.
대파올리브절임은 올리브오일도 같이 사용한다.

멸추김밥(멸치고추)

재료

김
달걀 3개
깻잎 12장
당근채* 2줌
단무지
슬라이스치즈 1장
청양고추 2개
멸치볶음* 1줌

멸치볶음 양념

멸치 100g
올리브오일 1T
알룰로스 1T

당근채 28쪽 참고
멸치볶음 29쪽 참고

재료 만들기

1 달걀은 잘 풀어 지단 두 장을 만든다.
2 깻잎은 깨끗이 씻은 후 물기를 제거한다.
3 채 썬 당근은 소금 1작은술을 넣고 10분 정도 절인 후 올리브오일을 두른 팬에 살짝 볶으며 수분을 날린다.
4 치즈는 세로로 4등분한다.
5 멸치볶음은 올리브오일 1큰술을 두른 팬에 멸치를 넣고 5분 볶다가 알룰로스 1큰술을 넣고 살짝 볶는다.

김밥 말기

1 김 위에 지단 2장을 겹쳐 올리고 깻잎을 9장 올린다.
2 당근채, 단무지, 치즈 2조각, 멸치볶음을 올린다.
3 청양고추는 비슷한 굵기의 곧은 걸로 윗부분의 꼭지를 잘라 잘 맞춰서 올린다.
4 깻잎 3장으로 덮어 꾹 눌러주며 말아준다.
5 이음새 부분이 바닥에 닿도록 5분 정도 두었다가 생들기름을 발라 썰어준다.

포인트

3의 청양고추는 기호에 따라 생략해도 된다.

TIP

지단을 두 장 깔면 훨씬 입체감이 있다. 김밥에는 왕도가 없다. 가진 재료를 골고루 넣으면 된다.

연어김밥

재료

김
곤약밥 75g
아이스퀸상추 6장
달걀 2개
적채라페* 1줌
아보카도 1/2개
연어 150g

적채라페 263쪽 참고

재료 만들기

1. 달걀은 잘 풀어 돌돌 말아준다.
2. 상추는 깨끗이 씻은 후 물기를 제거한다.
3. 적채라페는 물기를 꼭 짜준다.
4. 아보카도는 세로로 반 갈라 씨를 제거한 후 도톰하게 썰어준다.

김밥 말기

1. 김 4/5지점까지 곤약밥을 최대한 얇고 고르게 펼쳐 깔아준다.
2. 상추 4장은 줄기 방향을 엇갈리게 겹쳐 밥 위에 깔아준다.
3. 적채라페, 달걀말이, 아보카도, 연어를 올려 힘주어 말아준다.
4. 이음새 부분이 바닥에 닿도록 5분 정도 두었다가 생들기름을 발라 썰어준다.

포인트

연어김밥에는 와사비마요소스나 타르타르소스를 곁들이면 좋다.
와사비마요소스 240쪽 팁, 타르타르소스 241쪽 참고

TIP

곤약밥을 김밥에 넣을 때는 최대한 얇고 고르게 펼쳐 깔아주는 것이 핵심이다. 밥이 너무 많이 들어가면 재료를 충분히 넣을 수 없다.

명란고추김밥

재료

김
곤약밥 75g
트레비소 6장
당근채* 1줌
오이채 1줌
달걀 2개
풋고추 2개
백명란 3개
버터 1T

*당근채 28쪽 참고

재료 만들기

1 달걀은 잘 풀어 돌돌 말아준다.
2 트레비소는 깨끗하게 씻은 후 물기를 제거한다.
3 채 썬 당근은 소금 1작은술을 넣고 10분 정도 절인 후 올리브 오일을 두른 팬에 살짝 볶으며 수분을 날린다.
4 오이는 씨부분을 걷어내고 채 썬다.
5 명란은 버터 1큰술에 잘 구워준다.
6 고추는 비슷한 굵기의 곧은 것을 윗부분과 꼭지를 잘라 세로로 칼집을 내어 구운명란을 넣어준다.

김밥 말기

1 김 4/5지점까지 곤약밥을 최대한 얇고 고르게 펼쳐 깔아준다.
2 트레비소 4장은 줄기 방향을 엇갈리게 겹쳐 밥 위에 깔아준다.
3 당근채, 오이채, 달걀말이, 명란, 고추를 올린 후 트레비소 2장으로 덮어 꾹 눌러주며 말아준다.
5 이음새 부분이 바닥에 닿도록 5분 정도 두었다가 생들기름을 발라 썰어준다.

TIP

일반 명란을 사용해도 된다. 트레비소는 치커리의 일종으로 쓴맛과 아삭하게 씹히는 맛이 일품이다. 주로 샐러드와 쌈채소로 먹는다. 일반 상추나 깻잎을 사용해도 괜찮다.

오징어김밥

재료

감태 2장
곤약밥 75g
깻잎 9장
당근채* 1줌
부추 1줌
궁채볶음* 4줄
달걀(1개) 1.5개
오징어볶음

오징어볶음

오징어 1마리
고춧가루 1T
고추장 1T
맛간장* 1T
청주 1T
후추 약간
대파올리브절임* 1T

당근채 28쪽 참고
궁채볶음 29쪽 참고
맛간장 237쪽 참고
대파올리브절임 243쪽 참고

재료 만들기

1 깻잎과 부추는 깨끗이 씻은 후 물기를 제거한다.
2 채 썬 당근은 소금 1작은술을 넣고 10분 정도 절인 후 올리브오일을 두른 팬에 살짝 볶으며 수분을 날린다.
3 궁채는 20센티미터 길이로 잘라 올리브오일에 소금을 약간 넣고 볶는다.
4 달걀은 잘 풀어 돌돌 말아준다.
5 오징어는 꺠끗하게 손질해 가로로 길게 잘라 양념장에 버무려 팬에 대파올리브절임 1큰술을 넣고 수분 없이 볶아준다.

포인트

맛간장이 없다면 진간장 4T, 청주 1T, 스위트너 혹은 알룰로스 2T를 섞어 사용한다.

김밥 말기

1 감태 4/5지점까지 곤약밥을 최대한 얇고 고르게 펼쳐 깔아준다.
2 깻잎 6장을 깔고 재료 들을 올린다.
3 깻잎 3장으로 덮어 꾹 눌러주며 말아준다.
4 감태 한 장을 더 말아 이음새 부분이 바닥에 닿도록 5분 정도 두었다가 썰어준다.

TIP

감태는 얇고 성글기 때문에 한 장 더 말아준다. 랩으로 감싸면 찢어지지 않고 단단하고 예쁘게 잘 썰린다.

데리야키소스소고기김밥

재료

김
슬라이스치즈 4장
로메인상추 8장
적양배추 1줌
빨강노랑 파프리카 약간
오이채 1줌
대파올리브절임*
소고기
데리야키소스* 2T

대파올리브절임 243쪽 참고
데리야키소스 203쪽 참고

재료 만들기

1. 로메인은 깨끗이 씻은 후 물기를 제거한다.
2. 적양배추는 깨끗이 씻은 후 물기를 제거한 후 채 썬다.
3. 파프리카는 씨를 제거한 후 채 썬다.
4. 대파올리브절임과 소고기를 볶다가 데리야키소스 2큰술을 넣고 바싹 볶는다.
5. 오이는 씨부분을 걷어내고 채 썬다.

김밥 말기

1. 김 위에 슬라이스치즈 4장을 깔고 그 위에 로메인 6장은 줄기 방향을 엇갈리게 겹쳐 깔아준다.
2. 재료 들을 올린 후 로메인상추 2장으로 덮어 꾹 눌러주며 말아준다.
3. 이음새 부분이 바닥에 닿도록 5분 정도 두었다가 생들기름을 발라 잘라준다.

TIP

재료를 다 올린 뒤 잎채소 두 장으로 이불을 덮어주면 다른 재료 들이 흐트러지지 않아 깔끔하게 김밥을 말 수 있다.
대파올리브절임은 올리브오일도 같이 사용한다.

밤호박크림치즈김밥

재료

김
밤호박 1/2개
케일 4장
크림치즈 75g
호두 6알
오이채 1줌
빨강노랑 파프리카 약간
적채 1줌

재료 만들기

1 밤호박은 반 잘라 씨를 파내고 자른 면이 위로 가게 접시에 올려 전자레인지에 4분 정도 돌려 속만 파내 충분히 식힌다.
2 호두는 잘게 잘라 크림치즈와 섞어둔다.
3 케일은 깨끗이 씻은 후 물기를 제거한다.
4 오이는 씨부분을 걷어내고 채 썬다.
5 파프리카는 씨를 제거한 후 채 썬다.
6 적양배추는 깨끗이 씻어 물기를 제거한 후 채 썬다.

김밥 말기

1 김 위에 4/5 지점까지 파낸 호박을 펼쳐 깔아준다.
2 케일 4장 겹쳐 호두크림치즈 올려 돌돌 말아둔다.
3 오이채, 파프리카, 적채와 2를 올려 잘 말아준다.
4 이음새 부분이 바닥에 닿도록 5분 정도 두었다가 생들기름을 발라 썰어준다.

TIP

김밥을 썰 때 호박이 뭉개질 수 있으니 조심스럽게 썰어야 한다. 크림치즈가 들어가 부드러운 김밥이다.
적양배추 채 썬 것을 적채라 한다.

진미채김밥

재료

김
달걀 4개
로메인상추 6장
우엉채볶음* 1줌
당근채* 1줌
오이채 1줌
진미채볶음* 2줌

진미채볶음 양념

진미채 150g
올리브오일 1T
고추장* 1T
고춧가루 1T
맛간장* 1/2T
대장부소주 1T
알룰로스 1T
마요네즈* 1T

우엉채볶음·당근채 28쪽 참고
진미채볶음 29쪽 참고
고추장 229쪽 참고
맛간장 237쪽 참고
마요네즈 239쪽 참고

재료 만들기

1. 달걀을 잘 풀어 지단을 부친 후 채 썬다.
2. 로메인은 깨끗이 씻은 후 물기를 제거한다.
3. 우엉채는 올리브오일을 두른 팬에 물을 넣고 10분 정도 볶다가 맛간장과 알룰로스를 넣어 수분을 날리며 볶는다.
4. 채 썬 당근은 소금 1작은술을 넣고 10분 정도 절인 후 올리브오일을 두른 팬에 살짝 볶으며 수분을 날린다.
5. 오이는 씨부분을 걷어내고 채 썬다.
6. 진미채는 마요네즈를 제외한 재료를 넣고 볶아주다 마요네즈를 넣고 휘리릭 뒤적인 후 불을 끈다.

포인트
맛간장이 없다면 진간장 4T, 청주 1T, 스위트너 혹은 알룰로스 2T를 섞어 사용한다.

김밥 말기

1. 김 4/5지점까지 지단채를 펼쳐 깔아준다.
2. 로메인상추 4장은 줄기 방향을 엇갈리게 겹쳐 지단 위에 깔아준다.
3. 재료 들을 올린 후 로메인상추 2장으로 덮어 꾹 눌러주며 말아준다.
4. 이음새 부분이 바닥에 닿도록 5분 정도 두었다가 생들기름을 발라 썰어준다.

TIP

이 김밥은 모든 재료를 채 썰어 흐트러지기 쉽다. 상추를 잘 활용해 감싸면서 모양을 잡아주어야 한다.
고추장과 마요네즈를 만들기 번거롭다면 시판용을 사용한다.

우삼겹김밥

재료

김
달걀 4개
아이스퀸상추 6장
우삼겹 200g
미나리 1줌
당근채* 1줌
궁채장아찌* 4줄
소금

당근채 28쪽 참고
궁채장아찌 257쪽 참고

재료 만들기

1. 달걀은 잘 풀어 지단을 부친 후 채 썬다.
2. 상추는 깨끗이 씻은 후 물기를 제거한다.
3. 우삼겹은 소금과 후추로 간하여 굽는다.
4. 미나리는 깨끗이 씻어 물기를 제거하고 우삼겹기름에 볶아 소금 1자밤을 넣고 볶는다.
5. 채 썬 당근은 소금 1자밤을 넣고 10분 정도 절인 후 올리브오일을 두른 팬에 살짝 볶으며 수분을 날린다.
6. 궁채장아찌는 물기를 꼭 짠다.

포인트

4의 소금 1자밤은 소금 1꼬집의 우리말이다.

김밥 말기

1. 김 4/5 지점까지 지단채를 펼쳐 깔아준다.
2. 상추 4장은 줄기 방향을 엇갈리게 겹쳐 지단 위에 깔아준다.
3. 우삼겹, 미나리, 당근채, 궁채장아찌를 올린다.
4. 상추 2장을 덮어 꾹 눌러주며 말아준다.
5. 이음새 부분이 바닥에 닿도록 5분 정도 두었다가 생들기름을 발라 썰어준다.

TIP

미나리는 생으로 사용해도 향긋하다. 우삼겹기름에 볶으면 생미나리보다 부드러운 식감으로 즐길 수 있다

밤호박훈제오리김밥

재료

김
밤호박 1/2개
아이스퀸상추 4장
궁채장아찌* 4줄
빨간 파프리카
달걀 1.5개
부추 1줌
훈제오리 200g
머스터드 소스(선택)

궁채장아찌 255쪽 참고

재료 만들기

1 밤호박은 반 갈라 씨를 파내고 자른 면이 위로 가게 접시에 올려 전자레인지에 4분 정도 돌린 후 속만 파서 충분히 식힌다.
2 달걀은 잘 풀어 달걀말이를 만든다.
3 상추는 깨끗이 씻은 후 물기를 제거한다.
4 궁채장아찌는 물기를 꼭 짠다.
5 파프리카는 씨를 제거한 후 채 썬다.
6 훈제오리는 채에 밭쳐 뜨거운 물을 부어 불순물을 제거한 후 볶아준다.

김밥 말기

1 김 4/5 지점까지 파낸 밤호박을 펼쳐 깔아준다.
2 아이스퀸상추 4장은 줄기 방향을 엇갈리게 겹쳐 밤호박 위에 깔아준다.
3 재료 들을 모두 올려 말아준다.
4 이음새 부분이 바닥에 닿도록 5분 정도 두었다가 생들기름을 발라 썰어준다.

TIP

머스터드소스는 시판용 중 첨가제가 최소화된 마이노멀의 머스타드를 권한다.

참치마요김밥

재료

김
흑미곤약밥 75g
달걀 2개
당근채* 1줌
단무지
오이볶음* 3줄
빨간 파프리카
깻잎 9장
캔참치 100g
마요네즈 약간
양파 약간

오이볶음 재료

오이 1개(200g)
소금 1t
올리브오일 1t

당근채·오이볶음 28쪽 참고

재료 만들기

1 달걀은 잘 풀어 돌돌 말아준다.
2 채 썬 당근은 소금 1작은술을 넣고 10분 정도 절인 후 올리브오일을 두른 팬에 살짝 볶으며 수분을 날린다.
3 오이는 씨부분을 걷어내고 길게 12등분하여 소금에 10분 정도 절여 물기를 꼭 짜 올리브오일을 두른 팬에 살짝 볶으며 수분을 날린다.
4 파프리카는 씨를 빼고 채 썰고 깻잎은 깨끗이 씻은 후 물기를 제거하고 캔참치는 기름을 꼭 짠다.
5 양파는 곱게 다져 4의 참치와 마요네즈를 섞어 버무린다.

김밥 말기

1 김 4/5지점까지 흑미곤약밥을 최대한 얇고 고르게 펼쳐 깔아준다.
2 재료 들을 올린다.
3 깻잎 9장을 겹쳐 참치마요를 넣어 말아 올리고 힘주어 말아준다.
4 이음새 부분이 바닥에 닿도록 5분 정도 두었다가 생들기름을 발라 썰어준다.

포인트

1의 흑미곤약밥은 일반 곤약밥으로 사용해도 된다.

TIP

참치의 기름을 제거할 때 체에 밭쳐 숟가락으로 꾹꾹 눌러주면 깔끔하게 제거할 수 있다.

호두크림치즈김밥

재료

김
슬라이스치즈 4장
달걀 1.5개
로메인 4장
크림치즈 75g
호두 6알
비트라페* 1줌
당근라페* 1줌
노란 파프리카

비트라페·당근라페 263쪽 참고

재료 만들기

1 달걀은 잘 풀어 돌돌 말아준다.
2 로메인은 깨끗이 씻은 후 물기를 제거한다.
3 호두는 잘게 잘라 크림치즈와 섞는다.
4 비트라페, 당근라페는 물기를 꼭 짜준다.
5 파프리카는 씨를 빼내고 채 썬다.

김밥 말기

1 김 위에 슬라이스치즈 4장을 깔아준다.
2 달걀말이, 비트라페, 당근라페, 파프리카를 올린다.
3 로메인은 줄기 방향을 엇갈리게 겹쳐 호두크림치즈를 넣고 말아서 올린다.
4 이음새 부분이 바닥에 닿도록 5분 정도 두었다가 생들기름을 발라 썰어준다.

TIP

김밥은 수분감이 없어야 하므로 라페의 물기는 최대한 꼭 짜주어야 한다.

포두부대패삼겹김밥

재료

김
포두부 4장
트레비소 8장
당근채* 2줌
무말랭이장아찌* 1줌
고사리나물 1줌
대패삼겹살 200g
표고버섯쌈장* 1T
소금, 후추

당근채 28쪽 참고
무말랭이장아찌 255쪽 참고
표고버섯쌈장 231쪽 참고

재료 만들기

1 대패삼겹살은 돌돌 말린 상태로 소금과 후추로 간하여 굽는다.
2 채 썬 당근은 소금 1작은술을 넣고 10분 정도 절인 후 올리브오일을 두른 팬에 살짝 볶으며 수분을 날린다.
3 고사리는 1의 기름에 볶는다.
4 트레비소는 깨끗이 씻은 후 물기를 제거한다.
5 무말랭이장아찌는 물기를 꼭 짠다.

김밥 말기

1 김 위에 포두부 4장을 깔아준다.
2 트레비소 6장은 줄기 방향을 엇갈리게 겹쳐 포두부 위에 깔아준다.
3 당근채, 무말랭이장아찌, 고사리, 표고버섯쌈장, 대패삼겹살을 올린다.
4 트레비소 2장으로 덮어 꾹 눌러주며 말아준다.
5 이음새 부분이 바닥에 닿도록 5분 정도 두었다가 생들기름을 발라 잘라준다.

TIP

표고버섯쌈장을 넣으면 특별히 간을 하지 않아도 된다.

매콤어묵김밥

재료

김
곤약밥 75g
깻잎 12장
달걀 4개
당근채* 1줌
단무지
오이채 1줌
우엉채볶음* 1줌
사각어묵 1장

매콤어묵볶음 재료

사각어묵 2장(어육 90%) 기준
맛간장* 1T
고춧가루 1T
고추장 1/2T
대파올리브절임* 1T

당근채·우엉채볶음 28쪽 참고
맛간장 237쪽 참고
대파올리브절임 243쪽 참고

재료 만들기

1 달걀은 잘 풀어 지단을 부쳐 채 썬다.
2 깻잎은 깨끗이 씻은 후 물기를 제거한다.
3 채 썬 당근은 소금 1작은술을 넣고 10분 정도 절인 후 올리브오일을 두른 팬에 살짝 볶으며 수분을 날린다.
4 오이는 씨부분을 걷어내고 채 썬다.
5 우엉채는 올리브오일을 두른 팬에 물을 넣고 10분 정도 볶다가 맛간장과 알룰로스를 넣어 수분을 날리며 볶는다.
6 어묵은 길게 채 썰어 팬에 대파올리브절임 1큰술을 넣고 볶다가 분량의 양념을 넣어 수분감 없이 바싹 볶아준다.

포인트
맛간장이 없다면 진간장 4T, 청주 1T, 스위트너 혹은 알룰로스 2T를 섞어 사용한다.

김밥 말기

1 김 4/5지점까지 곤약밥을 최대한 얇고 고르게 펼쳐 깔아준다.
2 깻잎 12장을 밥 위에 깔고 재료 들을 올려 말아준다.
3 이음새 부분이 바닥에 닿도록 5분 정도 두었다가 생들기름을 발라 썰어준다.

TIP
김밥용 재료는 수분이 없어야 한다. 대파올리브절임이 없을 때는 올리브오일만 사용해도 된다.

대파닭튀김김밥

재료

김
흑미곤약밥 75g
케일 8장
당근채* 1줌
궁채장아찌* 3줄
노란 파프리카
대파닭튀김* 5조각

대파닭튀김 재료

닭가슴살 500g
카옌페퍼 1t
커리파우더 1t
소금 1t
후추
콩비지가루 4T
타피오카전분 1T
올리브오일 500ml
대파 2대

당근채 28쪽 참고
궁채장아찌 255쪽 참고
대파닭튀김 205쪽 참고

재료 만들기

1 케일은 깨끗이 씻은 후 물기를 제거한다.
2 채 썬 당근은 소금 1작은술을 넣고 10분 정도 절인 후 올리브오일을 두른 팬에 살짝 볶으며 수분을 날린다.
3 궁채장아찌는 물기를 꼭 짠다.
4 파프리카는 씨를 제거한 후 채 썬다.
5 반죽한 대파닭고기를 올리브오일에 튀긴다.

김밥 말기

1 김 4/5지점 까지 흑미곤약밥을 최대한 얇고 고르게 펼쳐 깔아준다.
2 케일 6장은 줄기 방향을 엇갈리게 겹쳐 밥 위에 깔아준다.
3 재료 들을 올린 후 케일 2장으로 덮어 꾹 눌러주며 말아준다.
4 이음새 부분이 바닥에 닿도록 5분 정도 두었다가 생들기름을 발라 썰어준다.

TIP

대파닭튀김은 모듬 튀김을 만든 후 김밥재료로 사용했다.

돈가스김밥

재료

김
슬라이스치즈 4장
로메인 6장
당근채* 1줌
양배추채 1줌
적채라페* 1줌
빨간 파프리카
돈가스*

돈가스 재료

돈가스용 등심
소금
애플사이다비네거
후추
콩비지가루
달걀
콜라겐팝
올리브오일

당근채 28쪽 참고
돈가스 193쪽 참고

재료 만들기

1 로메인은 깨끗이 씻은 후 물기를 제거한다.
2 채 썬 당근은 소금 1작은술을 넣고 10분 정도 절인 후 올리브오일을 두른 팬에 살짝 볶으며 수분을 날린다.
3 양배추는 깨끗이 씻은 후 가늘게 채 썬다.
4 적채라페는 물기를 꼭 짠다.
5 파프리카는 씨를 제거한 후 채 썬다.
6 돈가스는 돼지고기 등심으로 만든다.

김밥 말기

1 김 위에 슬라이스치즈 4장을 깔아준다.
2 로메인 6장은 줄기 방향을 엇갈리게 깔고 돈가스 2줄을 올린 후 돌돌 말아준다.
3 재료 들을 넣고 힘있게 말아준다.
4 이음새 부분이 바닥에 닿도록 5분 정도 두었다가 생들기름을 발라 썰어준다.

TIP

돈가스김밥은 간이 약해 소스가 필요하다. 케첩이나 BBQ 소스를 추천한다. 돈가스를 만든 후 남은 조각으로 김밥을 싸면 된다.

가라아게김밥

재료

김
슬라이스치즈 4장
당근라페* 3줌
적채라페* 1줌
케일 6장
가라아게* 6조각

가라아게 재료

닭가슴살
생강가루
후추
간장
콩비지가루
타피오카전분
올리브오일

당근라페·적채라페 263쪽 참고
가라아게 205쪽 참고

재료 만들기

1 당근라페, 적채라페는 물기를 꼭 짜준다.
2 케일은 깨끗이 씻은 후 물기를 제거한다.
3 닭가슴살로 가라아게를 튀긴다.

김밥 말기

1 김 위에 슬라이스치즈를 4장 깔아준다.
2 당근라페, 적채라페는 치즈 위에 깔아준다.
3 케일에 가라아게를 올려 돌돌 말아준 후 힘있게 말아준다.
4 이음새 부분이 바닥에 닿도록 5분 정도 두었다가 생들기름을 발라 썰어준다.

TIP

가라아게는 모듬튀김에서 가져왔다.

꼬마김밥

재료

김 혹은 감태
슬라이스치즈
포두부
쌈채소
빨강노랑 파프리카 약간
오이채 약간
당근채* 약간

당근채 28쪽 참고

재료 만들기

1. 파프리카는 색깔별로 채 썬다.
2. 오이는 씨 부분을 걷어내고 파프리카와 비슷한 굵기로 채 썬다.
3. 채 썬 당근은 소금 1작은술을 넣고 10분 정도 절인 후 올리브 오일을 두른 팬에 살짝 볶으며 수분을 날린다.

김밥 말기

1. 김 혹은 감태는 세로로 길게 반 잘라 준비한다.
2. 포두부나 슬라이스치즈를 1장 깔고 쌈채소와 재료 들을 넣어 돌돌 말아준다.
3. 이음새 부분이 바닥에 닿도록 5분 정도 두고 생들기름을 바른 후 깨로 마무리한다.

TIP

간단하게 먹기 좋은 꼬마김밥이다. 냉장고 재료 들을 처리할 때 아주 유용하게 만들 수 있다. 재료에 구애받지 않고 만들어도 된다. 와사비마요네즈에 찍어 먹으면 맛있다.

팔레오랩

재료

팔레오랩
슈레드치즈 1줌
쌈채소 적당히
당근라페* 1줌
적채라페* 1줌
말린토마토 약간
치킨스테이크 1쪽

치킨스테이크 재료

닭다리살 500g
올리브오일 1T
버터 15g

밑간

커민 1/2t
로즈마리 1/2t
오레가노 1/2t
소금 1/4t
후추 1/4t

소스

다진 생바질 2T
파르미지아노 레지아노 치즈 1/4컵
올리브오일 2T
후추 약간

적채라페·당근라페 263쪽 참고

재료 만들기

1 당근라페, 적채라페는 물기를 꼭 짠다.
2 닭다리살로 치킨스테이크를 만든다.
3 토마토는 오븐이나 건조기를 이용해 건조시킨다.

팔레오랩 말기

1 팔레오랩에 슈레드치즈를 올려 180도에서 3~4분 구워준다.
2 쌈채소, 당근라페, 적채라페, 치킨스테이크, 토마토, 소스를 넣고 돌돌 말아준다.

치킨스테이크

1 닭다리살을 깨끗이 씻어 물기를 제거한 뒤 밑간 재료에 잘 버무려 냉장고에 4시간 이상 숙성시킨다.
2 프라이팬을 강불로 달군 뒤 올리브오일을 두르고 닭다리살의 껍질이 있는 쪽을 팬에 올린다.
3 껍질이 바삭하게 익을 때까지 약 5분간 그대로 굽는다.
4 버터를 넣고 뒤집어 나머지 한 쪽도 익힌다.
5 볼에 소스 재료를 넣어 잘 섞어 둔다.
6 잘 익은 닭다리살을 5번 볼에 넣고 소스를 닭다리살에 골고루 버무린다.

TIP

팔레오랩은 랩으로 감싸면 짱짱하기 잘 말 수 있다. 팔레오랩도 김밥처럼 좋아하는 식재료를 넣어 말면 되고 정해진 건 없다.

뭐니뭐니 해도
김밥은 역시
꽁다리가 제맛이지!

키토
볶음밥
덮밥

김치볶음밥

재료

곤약밥 1공기
다진 김치 1/2컵
달걀 2개
대파올리브절임* 2T
다진 마늘 1t
고춧가루 1t
맛간장* 1t
버터 20g
김가루 1T(선택)
양파잼* 1t(선택)

대파올리브절임 243쪽 참고
맛간장 237쪽 참고
양파잼 245쪽 참고

매일 먹어도 질리지 않는 음식이 김치볶음밥이지요. 부재료가 무엇이든 다 잘 어울리고 누구다 좋아하는 한국인의 소울푸드지요.

만들기

1 곤약밥을 준비하고 김치는 잘게 다진다.
2 팬에 대파올리브절임을 넣고 다진 김치와 양파잼, 다진 마늘, 고춧가루를 넣고 약불에 볶는다.
3 팬 한 쪽에 맛간장을 넣고 바글바글 끓여 김치와 섞어가며 계속 볶는다.
4 달걀은 다른 팬에 프라이한다.
5 3이 잘 볶아지면 김가루와 곤약밥, 버터를 넣고 잘 섞어 그릇에 담아 달걀 프라이를 올려 완성한다.

포인트

2의 과정에서 대파올리브절임을 넣을 때 올리브오일도 같이 사용한다.
대파올리브절임 대신 팬에 올리브오일 1큰술과 다진 대파 2큰술을 넣고 볶아도 같은 효과를 볼 수 있다.

TIP

용기에 김치볶음밥을 담고 모차렐라치즈를 올려 200도 예열된 오븐에서 15분 구워주면 맛있는 김치치즈그라탕으로 먹을 수 있다.

달걀볶음밥

재료

곤약밥 1공기
달걀 3개
대파올리브절임* 2T
양파 1/4개
당근 1/5개
애호박 1/5개
맛간장* 1T
버터 20g
소금, 후추
깻잎 3장

대파올리브절임 243쪽 참고
맛간장 237쪽 참고

구운채소 장아찌와 매으 잘 어울리는 달걀볶음밥이에요. 엄마들의 최애 아이밥으로 대한민국 어린이 출신이라면 대부분 경험한 맛이지요.

만들기

1 양파와 당근, 애호박은 잘게 썰고 달걀은 알끈을 제거한 후 소금과 후추를 뿌려 잘 풀어 놓는다.
2 팬에 대파올리브절임과 양파, 당근, 애호박을 넣고 볶는다.
3 버터를 넣고 달걀물을 부어 주걱으로 저어가며 몽글몽글하게 스크램블한다.
4 곤약밥을 넣고 팬 한 쪽에 맛간장을 넣어 바글바글 끓인 후 잘 섞는다.
5 소금과 후추로 간을 맞추고 그릇에 담아 완성한다.

TIP

깻잎을 돌돌 말아 잘게 채 썰어 곁들이면 더 향긋한 깻잎의 맛을 즐길 수 있다.
장조림을 올리면 장조림버터달걀볶음밥이 된다.

쌈장볶음밥

재료

곤약밥 1공기
고기쌈장* 3T
달걀 2개
대파 1대
버터 20g
올리브오일 1T

고기쌈장 233쪽 참고

냉장고에 만들어 둔 쌈장만 있다면 맛있는 한 그릇이 뚝딱 만들어져요. 올리브오일 대신 고기를 구워 먹은 후 닦지 않은 팬에 그대로 볶음밥을 만들면 더욱 맛있을 거예요.

만들기

1 올리브오일을 두른 팬에 쌈장을 넣고 볶는다.
2 잘 볶은 쌈장에 곤약밥을 넣어 고루 섞는다.
3 볼에 달걀과 대파를 넣고 잘 풀어준다.
4 버터를 녹인 프라이팬에 달걀물을 붓고 주걱으로 저어가며 몽글몽글하게 스크램블한다.
5 그릇에 밥을 담고 스크램블을 올려 완성한다.

TIP

쌈장 베이스이기 때문에 찐양배추나 잎채소에 싸 먹으면 더욱 맛있다. 그릇에 달걀스크램블을 먼저 담고 볶음밥을 넣어 단단하게 만든 후 접시에 뒤집어 놓으면 더 쉽게 완성할 수 있다.

새우볶음밥

재료

곤약밥 1공기
중새우 10마리
달걀 2개
대파 1대
올리브오일 1T
버터 20g
마늘 5톨
소금, 후추
맛간장* 1T
토마토잼* 1t(선택)

맛간장 237쪽 참고
토마토잼 247쪽 참고

토마토잼을 넣어 새우볶음밥을 만들면 감칠맛이 배가 돼요. 새우의 달큰함과 매우 잘 어울리고 탱글탱글한 식감이 매력적이지요.

만들기

1 새우는 손질해 소금과 후추를 뿌려 두고 대파는 송송 썰고 마늘은 편 썬다.
2 달걀은 알끈을 제거한 후 대파, 소금, 후추를 넣어 잘 저어 둔다.
3 팬에 올리브오일과 편마늘을 넣고 중불에서 볶다가 마늘이 노릇해지면 손질한 새우를 넣는다.
4 새우가 익으면 팬 한 쪽으로 새우를 모아두고 버터를 녹이고 2의 달걀물을 부어 몽글몽글하게 주걱으로 저어준다.
5 달걀이 익으면 팬 한 쪽에 맛간장을 넣고 바글바글 끓인 후 곤약밥과 토다토잼을 넣고 고루 섞어 그릇에 담는다.

TIP

맛간장 대신 액젓을 넣고 잘게 부순 땅콩을 올리면 동남아풍의 볶음밥으로 즐길 수 있다. 각자 기호에 따라 고수를 올려도 괜찮다.

참치볶음밥

재료

곤약밥 1공기
캔참치 1캔
다진 김치 1/4컵
달걀 2개
대파올리브절임* 2T
다진 마늘 1t
고춧가루 1t
맛간장* 1t
버터 20g
올리브오일 1T
김가루 1T(선택)
양파잼* 1T(선택)

대파올리브절임 243쪽 참고
맛간장 237쪽 참고
양파잼 245쪽 참고

김치볶음밥만큼 만들기 쉬운 참치볶음밥이에요. 만들기도 쉽고 간단해서 밥상 차리기 귀찮은 날 한 그릇 뚝딱 해 먹곤 하지요. 김치 한 조각이면 다른 반찬도 필요 없고요.

만들기

1 곤약밥을 준비하고 참치는 기름을 빼고 김치는 잘게 다진다.
2 달걀은 기호에 맞게 프라이한다.
3 팬에 대파올리브절임, 다진 김치와 다진 마늘, 양파잼을 넣고 볶다가 참치와 고춧가루를 넣는다.
4 팬 한 쪽에 맛간장을 넣고 바글바글 끓이다 다른 재료와 섞어 계속 볶는다.
5 잘 볶아지던 곤약밥과 버터를 넣고 잘 섞는다.
6 그릇에 볶음밥을 담고 달걀 프라이를 올리고 김가루를 뿌려 완성한다.

포인트

2의 과정에서 김가루 대신 잘게 썬 부추나 쪽파를 올리면 더욱 깔끔하다.

TIP

양파잼 대신 스위트너를 1작은술 넣어도 된다.

제육덮밥

재료

곤약밥 1공기
돼지고기 대패목살 300g
양파 1/2개
대파올리브절임* 2T
애호박 1/4개
청양고추 1개
버터 10g

양념장

고춧가루 1T
고추장 1T
청주 2T
무잼* 1T
(또는 알룰로스 1T)
맛간장* 2T
된장 1t
다진 마늘 1T
다진 생강 1t
후추

대파올리브절임 243쪽 참고
무잼 246쪽 참고
맛간장 237쪽 참고

고기의 부위가 삼겹살이든 목살이든 두께가 얇든 두껍든 상관없이 매콤달콤한 제육볶음은 언제나 맛있지요. 좋아하는 부위로 만들어 맛있게 드세요.

만들기

1 분량의 재료를 모두 섞어 양념장을 만들어 둔다.
2 대패목살은 양념장에 버무려 냉장고에서 1시간 이상 숙성시킨다.
3 청양고추는 송송 썰고 양파와 애호박은 채 썬다.
4 팬에 대파올리브절임을 넣고 양념한 고기를 넣어 볶는다.
5 고기가 익기 시작하면 3의 채소를 넣고 양파가 익으면 버터를 넣어 잘 섞는다.
6 그릇에 곤약밥을 담고 고기를 올려 완성한다.

포인트

4번 과정에서 대다올리브절임은 올리브오일을 같이 사용한다. 송송 썬 대파 2큰술에 올리브오길 1큰술을 넣으면 같은 효과를 볼 수 있다.
양념장을 만들 때 무잼 대신 알룰로스를 넣어도 된다.

TIP

국물이 자작한 제육볶음을 원하면 양념장에 물 3큰술을 넣어 촉촉하게 만들면 된다. 삼겹살이나 앞다리살을 사용하면 훨씬 부드럽다.

짜장덮밥

재료

곤약밥 1공기
돼지고기 200g
다진 생강 1T
다진 마늘 1T
양파 1/2개
대파 1대
양배춧잎 3장
애호박 1/4개
춘장 1T
맛간장* 1T
올리브오일 3T
버터 10g
달걀 1개

맛간장 237쪽 참고

일반 짜장에 비해 간짜장은 바로 볶아 먹기 때문에 채소의 식감이 더해져 훨씬 신선하고 맛있게 느껴져요. 밥 대신 두부면이나 곤약면에 비벼 짜장면으로 먹어도 좋아요.

만들기

1 대파는 송송 썰고 양파, 양배추, 애호박은 사각형 모양으로 잘게 썰어 준비한다.

2 팬에 올리브오일과 대파, 다진 마늘, 다진 생강을 넣고 중강불에서 약 5분 볶는다.

3 돼지고기를 넣고 볶다가 익으면 팬 가장자리에 맛간장을 두른다.

4 1의 양파, 애호박, 양배추를 넣고 계속 볶는다.

5 채소가 익으면 버터와 춘장을 넣어 약 5분 볶아 짜장 소스를 완성한다.

6 그릇에 곤약밥을 담고 짜장 소스를 올린 후 달걀 프라이를 얹어 완성한다.

포인트

1에서 양배추를 잘게 썰면 한 줌 정도 된다.
5에서 올리브오일에 춘장을 미리 볶아 나중에 채소와 합쳐도 된다.

TIP

뻑뻑하다면 물을 조금씩 넣어 조절해도 되지만 채소가 수분을 보충해 주기 때문에 물을 넣는 것은 권하지 않는다.
춘장을 미리 볶은 후 나중에 채소와 합쳐도 된다.

오징어덮밥

재료

곤약밥 1공기
오징어 1마리
대파올리브절임 2T
양파 1/2개
당근 1/5개
애호박 1/4개
새송이버섯 1개
청양고추 1개
생들기름 1T

양념장

고춧가루 1T
고추장 1T
맛간장* 1T
청주 1T
다진 마늘 2T
무잼* 1T
(또는 알룰로스 1T)
후추 약간

맛간장 237쪽 참고
무잼 246쪽 참고

철판 오징어볶음이 한창 유행하던 때가 있었어요. 그 감칠맛 나는 양념에 마무리 볶음밥은 닭갈비의 인기에 못지 않았죠. 여유로운 주말엔 갖은 채소와 고구마, 비지떡을 추가해 볶음으로 먼저 즐기고 볶음밥으로 마무리해요. 시간이 넉넉지 않은 평일엔 조금 더 간편하게 덮밥으로 즐겨보세요.

만들기

1 분량의 모든 재료를 섞어 양념장을 만들어 둔다.
2 오징어는 깨끗하게 씻은 후 먹기 좋은 크기로 손질해 양념장에 버무려 둔다.
3 청양고추는 송송 썰고 양파, 당근, 애호박, 새송이버섯은 채 썬다.
4 팬에 대파올리브절임과 3의 채소 들을 넣고 볶다가 양파가 투명해지면 양념된 오징어를 넣는다.
5 오징어가 익으면 불에서 내린 후 생들기름을 둘러 마무리한다.
6 그릇에 곤약밥을 담고 오징어볶음을 올려 완성한다.

포인트

양념장을 만들 때 무잼 대신 알룰로스를 넣어도 된다.

TIP

생물 대신 반건조 오징어를 사용하면 더욱 쫄깃한 식감을 즐길 수 있다.
같은 양념에 낙지와 주꾸미를 넣으면 또 다른 덮밥을 만들 수 있다. 손질한 낙지와 주꾸미는 물이 많이 생기므로 끓는 물에 살짝 데쳐 양념장에 재워 볶아준다.
고춧가루와 고추장은 기호에 맞게 조절한다.

멸치덮밥

재료

멸치 80g
맛간장* 2T
알룰로스 2T
다진 마늘 1t
조각다시마(5×5) 1장
산초 1/8t
페페론치노 5개(선택)
물 100ml
곤약밥 1공기
달걀 노른자 1개
버터 20g

맛간장 237쪽 참고

멸치조림에서 아이디어를 얻었어요. 키토식으로 만들어 보니 맛도 좋아 자주 만들게 되는 아이템입니다. 아이들도 잘 먹고 특히 구운채소 장아찌와 참 잘 어울려요.

만들기

1. 마른 팬에 멸치를 덖어 비린내를 날린다.
2. 팬 가장자리에 맛간장을 넣어 바글바글 끓인 뒤 물을 붓고 다시마, 다진 마늘, 알룰로스, 페페론치노, 산초를 넣어 약불에서 끓여 멸치볶음을 만든다.
3. 그릇에 뜨거운 곤약밥을 담고 멸치 볶음, 달걀 노른자, 버터를 올려 마무리한다.

포인트

1번 과정에서 멸치를 덖으면 비린내는 날아가고 맛은 고소해진다.

TIP

멸치는 국물용 멸치를 제외하고 중멸치, 잔멸치 다 괜찮다. 중멸치는 식감이 좋고 맛도 진하기 때문에 추천할 수 있고 잔멸치는 씹는 맛은 덜 하지만 고소하다.

닭갈비덮밥

친구들과 닭갈비집에 가서 3인분을 주문했는데 채소만 듬뿍 나오고 닭갈비는 많지 않았어요. 그때 친구가 큰소리로 말했어요. "사장님, 채소 3인분 아니고 닭갈비 3인분이요."

재료

곤약밥 1공기
닭다리살 200g
대파올리브절임 3T
청양고추 1개
당근 1/4개
양파 1/2개
고구마 1/4개
버터 10g
김가루 1T(선택)

양념장

커리파우더 1t
맛간장* 3T
고춧가루 2T
다진 마늘 1T
청주 1T
후추 1/4t

맛간장 237쪽 참고

만들기

1 분량의 재료를 모두 섞어 양념장을 만들어 둔다.
2 닭다리살은 먹기 좋은 크기로 잘라 양념장에 버무린다.
3 청양고추는 송송 썰고 당근, 양파, 고구마는 깍둑썬다.
4 팬에 대파올리브절임과 닭다리살, 채소를 넣고 볶는다.
5 닭다리살과 채소가 잘 익으면 버터를 넣고 마무리한다.
6 그릇에 곤약밥을 담고 5를 올려 완성한다.

포인트

4번 과정에서 대파올리브절임은 올리브오일을 같이 사용한다. 송송 썬 대파 2T에 올리브오일 1T를 넣으면 같은 효과를 볼 수 있다.

TIP

닭다리살을 양념장에 재워 대파와 닭꼬치로 만들면 다른 음식처럼 먹을 수 있다. 모차렐라치즈를 올리면 매운 맛을 중화시키고 고소한 맛을 즐길 수 있다. 김가루는 기호에 따라 선택한다.

돼지불고기덮밥

재료

곤약밥 1공기
돼지고기 앞다리살 200g
맛간장* 2T
대파올리브절임 2T
다진 마늘 1T
후추 약간
버터 10g
달걀 1개

소스

맛간장 1t
마요네즈* 3T

맛간장 237쪽 참고
마요네즈 239쪽 참고

양념에 재워 만든 돼지불고기가 아닌 생고기를 구워 만든 바싹 돼지불고기예요. 얇게 썬 앞다리살을 사용해 미리 재워두지 않아도 부드럽고 간이 잘 배기 때문에 맛있게 먹을 수 있어요.

만들기

1 팬에 대파올리브절임과 앞다리살을 넣어 강불에서 볶는다.
2 고기가 갈색빛이 돌면 맛간장과 다진 마늘, 후추를 넣고 수분이 날아갈 때까지 바싹 볶는다.
3 곤약밥 한 공기를 그릇에 담고 완성된 돼지불고기를 올리고 버터를 올린다.
4 다른 팬에 올리브오일을 두르고 달걀 프라이를 한다.
5 소스는 잘 섞어 지퍼백에 넣은 후 지퍼백 끝을 가위로 좁게 잘라 밥 위에 지그재그로 뿌려준다.

포인트
소스는 마요네즈에 맛간장 대신 진간장 2T, 청주 1T, 스위트너 1T를 섞어도 맛있는 소스가 된다.

TIP
마요네즈 만들기가 번거롭다면 시판용 마요네즈를 사용해도 된다. 마이노멀 마요네즈는 일반 마요네즈와 맛과 향이 흡사하면서도 첨가물이 들어 있지 않아 추천한다.

꽈리고추대패삼겹살덮밥

재료

곤약밥 1공기
대패삼겹살 200g
꽈리고추 5개
대파 1대
청양고추 1개

양념장

다진 마늘 1T
맛간장* 2T
물 2T

맛간장 237쪽 참고

어릴 땐 꽈리고추를 좋아하지 않지만 어른이 되면서 맛을 알게 된 것 같아요. 대패삼겹살과 같이 볶아 낸 꽈리고추는 상당히 매력 있지요.

만들기

1 분량의 재료를 모두 섞어 양념장을 만들어 둔다.
2 청양고추와 대파는 송송 썰고 꽈리고추는 꼭지만 제거해서 준비한다.
3 팬에 대패삼겹살을 넣고 강불로 볶는다.
4 삼겹살이 익으면 대파를 넣고 볶다 대파향이 올라오면 준비한 양념장을 넣는다.
5 청양고추와 꽈리고추를 넣고 고추에 양념이 잘 배어들도록 볶는다.
6 그릇에 곤약밥을 담고 삼겹살을 올려 완성한다.

포인트

매운 음식을 잘 먹지 못한다면 청양고추는 생략해도 된다.

TIP

돌돌 말린 대패삼겹살은 풀지 말고 말려 있는 상태로 볶아야 모양도 예쁘고 식감도 좋다. 대패삼겹살 대신 일반 삼겹살을 잘게 썰어 볶아도 괜찮고 차돌박이를 이용해도 좋다.

키마카레

재료

고수 50g
다진 생강 50g
다진 마늘 50g
다진 소고기 200g
올리브오일 3T
버터 70g
커리파우더 3T
토마토 페이스트 80g
생크림 2T
다크 초콜릿 10g
맛간장* 2T
알룰로스 1T
다진 양파 1개 분량
소금, 후추
곤약밥 1공기

토핑

고수잎
온천달걀
건포도
마늘칩
(또는 양파후레이크)
잘게 부순 땅콩 등

온천달걀 재료

달걀 4개
끓인 물 1L
찬물 200ml

맛간장 237쪽 참고

깊고 진한 맛의 카레예요. 오래 전 일본인 친구를 통해 비법을 알게 되었고 그때 먹어 본 기억을 잊을 수 없어요. 이 카레의 비법은 바로 초콜릿 한 조각에 있답니다.

만들기

1 고수는 뿌리까지 잘 세척해 잎 부분은 따로 두고 뿌리부터 줄기까지 잘게 썬다.
2 팬에 올리브오일을 두르고 다진 생강과 다진 마늘을 넣어 충분히 볶다 잘게 썬 고수를 넣어 볶는다.
3 어느 정도 볶아지면 다진 소고기와 버터를 넣는다.
4 커리파우더, 알룰로스, 토마토 페이스트, 생크림, 초콜릿, 맛간장 순으로 넣어 계속 볶는다.
5 마지막으로 다진 양파를 넣어 10분간 약불로 볶아 소금, 후추, 카레를 넣어 마무리한다.
6 그릇에 곤약밥을 담고 카레, 고수, 온천달걀을 올려 완성한다.

포인트
5에서 양파는 다져도 되지만 잘게 썰어도 된다.

온천달걀

1 물 1리터를 팔팔 끓인 후 찬물을 200밀리리터 부어 섞는다.
2 실온에 미리 꺼내 둔 달걀을 물에 넣는다.
3 25분 후 달걀을 꺼낸다.
4 달걀 껍질은 까서 버린다.

TIP

고수는 호불호가 분명하기 때문에 가감하면 된다. 고수 대신 깻잎이나 바질잎을 잘게 다져도 색다르게 즐길 수 있다.
온천달걀을 만들 때 냉기가 있는 달걀은 팔팔 끓인 물에 30분 담가둔다.

족발덮밥

재료

족발* 300g
진간장 1/4컵
알룰로스 1/4컵
양파 1개
다진 마늘 1T
다진 생강 1t
마늘종 3줄기
물 500ml

액젓 소스

액젓 2T
스위트너 2T
애플사이다식초 2T
양파 1/4개
마늘 3쪽
청양고추 2개

토핑

고수, 마늘칩

족발 179쪽 참고

남은 족발로 덮밥을 만들면 좋아요. 족발 삶는 일이 번거롭기 때문에 일반적으로 배달 주문을 하지만 저는 족발덮밥을 먹기 위해 족발을 삶아요.

만들기

1 분량의 재료를 모두 섞어 액젓 소스를 만들어 냉장고에서 숙성시킨다.
2 족발은 껍질까지 한입 크기로 썰고, 양파는 잘게 다져 준비한다.
3 마늘종은 잘게 송송 썬다.
3 준비한 재료를 전부 냄비에 넣고 끓어오르면 중약불로 1시간 정도 끓인다.
4 그릇에 곤약밥을 담고 족발, 고수, 마늘칩을 얹어 소스를 곁들인다.

포인트
소스를 미리 만들어 두면 족발이 끓는 동안 냉장고에서 숙성된다.
액젓 소스를 만들 때 까나리액젓, 멸치액젓, 고등어액젓 등 어떤 액젓을 사용해도 된다.

TIP
소스는 냉장고에 숙성시켜 일주일간 먹을 수 있다. 숙성시킬수록 깊은 맛이 난다. 액젓 소스는 삼겹살구이에도 잘 어울린다.

족발삶기

재료

족발 1kg
물 1.5L
진간장 1C
알룰로스 2T
계피 1조각
월계수잎 1장
대파 2대
마늘 5톨
생강 1쪽
커피 1T
청주 2C
된장 1T
양파 1개
사과 1/2개
팔각 2개
정향 4개

따뜻할 때 먹으면 정말 맛있는 족발이에요. 만들기가 번거로워 시도하기 어렵지만 한 번 만들어 먹기 시작하면 그 쫀득한 맛에 반해 자꾸 만들게 돼요.

만들기

1 족발은 깨끗이 손질한다.
2 큰 냄비에 분량의 모든 재료를 넣고 끓인다.
3 끓기 시작하면 강불에서 30분, 중불에서 30분, 약불에서 30분 끓인다.
4 잘 삶아진 족발은 꺼내 한김 식힌 후 생들기름을 바른다.

TIP

스타아니스라 불리는 '팔각'과 클로브라 불리는 '정향'을 넣으면 오향족발을 만들 수 있다. 사과를 넣으면 은은한 단맛이 우러나 풍미가 좋아진다.

키토

토스트 샌드
튀김 어묵
만두

길거리토스트

재료

키토 식빵 1개
달걀 3개
다진 양배추 1/2C
다진 양파 1/4C
다진 당근 1/4C
버터 30g
소시지 2개
슬라이스 치즈 2장
키토케첩*
키토마요네즈*
소금, 후추

버터호두볶음 재료

다진 호두 30g
버터 20g

케첩·마요네즈 239쪽 참고

'토스트' 하면 마가린, 설탕, 케첩의 조합이지만 길거리 토스트를 '버터와 식이섬유 식빵', '키토식 토마토잼과 케첩'으로 더욱 맛있고 풍성하게 만들어 봤어요.

만들기

1. 볼에 달걀, 다진 양배추, 다진 양파, 다진 당근, 소금, 후추를 넣고 잘 섞어 달걀 반죽을 만들어 둔다.
2. 식빵을 잘라 버터에 앞 뒤로 굽는다.
3. 팬에 버터를 두르고 1의 달걀 반죽을 부어 아랫면이 익을 즈음 버터호두볶음을 뿌려 노릇하게 부친다.
4. 소시지는 세로로 길게 반으로 잘라 노릇하게 굽는다.
5. 식빵, 달걀부침, 슬라이스치즈, 소시지, 케첩, 마요네즈, 식빵 순으로 올려 완성한다.

버터호두볶음

1. 호두는 미리 구워서 다진다.
2. 팬에 버터를 넣고 1을 볶는다.

포인트

중불로 달군 프라이팬에 다진 호두를 넣고 볶다 노릇하게 구워지면 버터를 넣는다.

TIP

빵 한 쪽에 토마토잼이나 스위트너를 뿌리면 더 달콤하고 맛있다. 버터호두볶음은 호두를 그냥 사용해도 되지만 미리 구워서 다지면 훨씬 고소하게 즐길 수 있다. 호두 대신 아몬드나 다른 견과류를 사용해도 된다.

대파토스트

재료

쌀식빵 1개
달걀 3개
대파 3대
소금
후추
키토케첩*
버터 30g

케첩 239쪽 참고

친정 엄마께서 자주 해주시던 추억의 아침 식사예요. 향긋하고 고소한 대파 기름 냄새에 눈을 뜨면 토스트가 산처럼 쌓여 있었던, 제게는 추억의 아침 식사예요. 세수도 잊은 채 케첩을 듬뿍 뿌려 우유와 함께 먹던 어린 시절의 기억이 행복한 한 조각으로 남아 있어요.

만들기

1 대파는 최대한 잘게 썰어 준비한다.
2 볼에 알끈을 제거한 달걀, 대파, 소금, 후추를 넣고 잘 섞어 달걀물을 만든다.
3 쌀식빵은 적당한 크기로 자른다.
4 쌀식빵을 달걀물에 듬뿍 적셔 버터를 충분히 두른 팬에 노릇하게 굽는다.
5 키토 케첩을 곁들인다.

TIP

대파토스트와 34쪽의 고춧가루떡볶이에 깻잎을 듬뿍 올려 같이 먹으면 잘 어울린다.

오픈샌드

아보카도에그마요 재료

키토식빵
씨겨자버터스프레드
슬라이스 치즈

속재료

삶은 달걀 3개
아보카도 1개
양파피클* 2T
마요네즈* 4T
화이트발사믹식초 1T
소금 1/4t
후추 1/8t

치킨셀러리 재료

키토식빵
씨겨자버터스프레드
슬라이스 치즈
로메인 상추

속재료

닭가슴살 100g
셀러리피클* 3T
마요네즈 3T
애플사이다식초 1T
소금
후추

양파피클 253쪽 참고
마요네즈 239쪽 참고
셀러리피클 253쪽 참고

아보카도에그마요샌드위치

1 삶은 달걀과 아보카도, 양파피클은 잘게 다진다.
2 볼에 나머지 속재료를 모두 넣고 잘 섞는다.
3 식빵 한 쪽 면에 씨겨자버터스프레드를 바르고 슬라이스치즈를 올리고 속재료를 넣은 후 뚜껑을 덮어 완성한다.

치킨셀러리샌드위치

1 닭가슴살과 셀러리피클은 먹기 좋은 크기로 다진다.
2 볼에 나머지 속재료를 모두 넣고 잘 섞는다.
3 식빵 한 쪽에 씨겨자버터스프레드를 바르고 로메인 상추와 슬라이스 치즈를 올린 후 속재료를 넣어 완성한다.

TIP

양파피클 대신 양파를 다져 식초물에 10분 담근다. 홀그레인 머스터드 대신 디종 머스터드를 사용해도 괜찮다. 셀러리피클이 없다면 셀러리 1대를 잘게 다져 넣는다. 먹다 남은 로스트치킨으로 만들면 더욱 맛있다.

샌드위치소

참치샌드 재료

키토 식빵
씨겨자버터스프레드
슬라이스 치즈

속재료

참치 1캔
사과 1/2개
오이피클* 2T
마요네즈* 4T

씨겨자버터스프레드 재료

홀그레인 머스터드 1T
버터 20g
알룰로스 1T

오이피클 253쪽 참고
마요네즈 239쪽 참고

참치샌드위치

1 참치는 기름기를 빼고 사과와 오이피클은 잘게 썬다.
2 볼에 속재료를 모두 넣고 잘 섞는다.
3 식빵 한 면에 씨겨자버터스프레드를 바르고 슬라이스치즈를 올린 후 속재료를 넣어 뚜껑 덮어 완성한다.

씨겨자버터스프레드

1 버터는 실온에 꺼내 두어 말랑한 상태가 되도록 한다.
2 볼에 실온 버터와 홀그레인 머스터드, 알룰로스를 잘 섞는다.

TIP

캔참치의 경우 올리브오일을 사용한 참치를 사용한다. 구하기 힘들다면 참치의 기름을 꼭 짜낸다.

돈가스샌드위치

재료

키토 돈가스* 1장
쌀식빵 1개
키토케첩* 1T
와사비마요 1T

돈가스 193쪽 참고
케첩 239쪽 참고

도산분식이라는 유명 분식집이 떠오르는 샌드위치예요. 매콤한 고추장 떡볶이와 먹거나 쫄면과 먹으면 훨씬 맛있어요.

만들기

1 돈가스를 바삭하게 튀겨 준비한다.
2 쌀식빵은 전자레인지에 살짝 데워 말랑하게 한다.
3 쌀식빵 한 쪽에는 키토 케첩을 바르고 다른 쪽에는 와사비마요네즈를 바른다.
4 돈가스를 넣어 샌드위치를 완성한다.

포인트

3의 와사비마요네즈는 키토 마요네즈 1큰술과 생와사비 1작은술을 섞어준다.

TIP

돈가스가 기름지기 때문에 빵을 버터에 굽지 않아도 된다. 버터맛을 좋아한다면 와사비마요 대신 버터스프레드를 권한다. 와사비는 기호에 따라 가감한다. 돈가스샌드위치는 한 끼 식사로도 충분하지만 쫄면(76쪽 참고)이나 매콤한 떡볶이(34, 40, 46쪽 참고)와 같이 먹으면 훨씬 맛있다.

돈가스

재료

돈가스용 등심 500g(8장)
소금 1t
애플사이다비네거 1T
후추
콩비지가루 3T
달걀 2개
콜라겐팝 3봉지
올리브오일 500ml

만들기

1 등심 8장에 소금과 애사비를 뿌려 8시간 이상 염지 후 후추를 뿌려준다.
2 등심 1장씩 콩비지가루를 꼼꼼하게 묻혀준다.
3 알끈을 제거한 달걀에 소금과 후추를 뿌려 잘 풀어 비지가루를 묻힌 등심을 달걀물에 담근다.
4 콜라겐팝은 초퍼에 갈아 가루로 만들어 달걀물 입힌 고기에 꼼꼼하게 묻힌다.
5 중불에서 올리브오일에 튀긴다.

포인트

4의 과정에서 초퍼 대신 콜라겐팝 봉지를 살짝 뜯어 공기를 빼고 밀대나 병으로 부수면 된다.

TIP

애사비는 염지용으로 염지과정을 거치지 않고 소금과 후추로 밑간한 후 바로 만들어도 괜찮다. 냉동 보관 후 에어프라이어에 데우면 바삭하고 맛있다. 케첩에 바비큐소스를 섞어도 맛있다.

키토어묵

새우살어묵 재료

새우살 350g
양파 1/4개
대파 1대
마늘 2톨
올리브오일 적당히

밑간

청주 1T
소금 1/2t
후추 1/4t

명태살어묵 재료

명태살 300g
양파 1/4개
마늘 2톨
보리새우 20g
국물용 멸치 3마리
타피오카전분 2T
달걀흰자 1T
청주 1T
소금 1/2t
후추 1/4t
올리브오일 적당히

갓 튀긴 핫바가 먹고 싶을 때가 있어요. 새우살어묵을 튀기고 있으면 핫바의 장인이 된 기분이에요. 핫바를 좋아한다면 새우살어묵을 꼭 만들어 보세요.

새우살어묵

1 잘 손질한 새우살을 밑간에 버무려 10분 정도 재운다.
2 믹서에 새우살 300그램과 양파, 대파, 마늘을 넣고 곱게 간다.
3 새우살 50그램은 씹는 식감을 위해 칼로 적당히 잘라 2와 섞어 동그랗게 빚는다.
4 팬에 올리브오일을 붓고 150도에 3을 넣고 앞뒤로 뒤집어가며 노릇하게 튀긴다.

명태살어묵

1 멸치는 대가리와 뼈를 제거해 준비한다.
2 올리브오일을 제외한 모든 재료를 믹서에 넣고 곱게 간다.
3 여러 모양으로 빚는다.
4 팬에 올리브오일을 붓고 150도에3을 넣고 앞뒤로 뒤집어가며 노릇하게 튀긴다.

TIP

올리브오일을 적당히 넣고 팬을 기울여 튀기면 버리는 오일의 양을 줄일 수 있다. 청양고추를 칼로 다져 반죽에 넣으면 매콤한 어묵을 즐길 수 있다.

어묵탕

재료

어묵 꼬치 6개
비법육수* 500ml
국간장 1T
소금, 후추

데코용

무 1조각
다시마 5x5 1장
대파 1대

비법육수 237쪽 참고

만들기

1 어묵을 꼬치에 끼운다.
2 육수에 무와 다시마, 대파를 넣어 팔팔 끓인다.
3 어묵을 넣고 5분 더 끓인다.
4 기호에 따라 후추를 뿌리고 부족한 간은 소금으로 한다.

TIP

성분이 좋은 시판 어묵을 사용해도 된다.
무와 다시마, 대파는 같이 끓여도 되고 데코로 사용해도 된다.

굴림만두

애호박굴림만두 재료

소고기 다짐육 400g
애호박 2개
다진 대파 1대
간장 2T
소금
후추
타피오카전분 2큰술

부추굴림만두 재료

돼지고기 다짐육 400g
부추 200g
당근 100g
간장 2T
소금, 후추

애호박굴림만두(24개)

1 애호박은 채 썰어 소금 2작은술을 뿌려 20분 절인 뒤 꼭 짜서 물기를 제거한다.
2 소고기 다짐육에 다진 대파, 간장, 소금, 후추를 넣어 치대준다.
3 1의 물기 짠 애호박을 넣고 5분 정도 더 치대준다.
4 한입 크기로 동그랗게 빚어 타피오카전분에 굴려준다.
5 김이 오른 찜기에 약 13분 찐다.

부추굴림만두(24개)

1 당근은 잘게 다진다.
2 부추는 0.5센티미터 길이로 잘게 썰어 둔다.
3 돼지고기 다짐육에 간장, 소금, 후추, 다진 당근을 넣고 치대준다.
4 2의 부추를 넣고 조금 더 치댄 후 한입 크기로 동그랗게 빚어 타피오카전분에 굴려준다.
5 김 오른 찜기에 약 13분 찐다.

TIP

소고기가 부담스럽다면 돼지고기를 사용해도 된다. 밧드에 종이포일을 깔고 사이를 띄어 얼려 지퍼백에 담아 냉동 보관한다. 에어프라이어에 올리브오일을 뿌려 데우거나 프라이팬에 구워도 맛있다. 만둣국이나 떡볶이에 활용할 수 있고 어묵탕에 넣어도 좋다.

김치굴림만두 재료

돼지고기 다짐육 400g
다진김치 200g
부추 100g
간장 1T
후추

김치굴림만두(24개)

1 김치는 잘게 다져 국물을 꼭 짜둔다.
2 부추도 0.5센티미터 길이로 잘게 썰어 둔다.
3 돼지고기 다짐육에 간장, 후추, 다진 김치를 넣고 잘 치대준다.
4 2의 부추를 넣고 살짝 치댄 후 한입 크기로 동그랗게 빚어 타피오카 전분에 굴려준다.
5 김 오른 찜기에 약 13분 찐다.

TIP

김치는 잘게 다진 후 국물을 꼭 짠다.

재료

굴림만두 6개
비법육수* 500ml
새송이버섯 1개
달걀 1개
국간장 1/2T
대파 1/4대
소금, 후추

비법육수 237쪽 참고

굴림만둣국

1 새송이버섯은 동그랗게 썰고 대파는 송송 썬다.

2 냄비에 육수를 붓고 끓으면 굴림만두와 새송이버섯을 넣는다.

3 만두가 익으면 국간장을 넣고 부족한 간은 소금으로 맞춘다.

4 달걀을 잘 풀어 송송 썬 대파를 넣고 끓고 있는 냄비에 빙 둘러 넣어 익힌다.

5 그릇에 만둣국을 담고 후추를 뿌린다.

TIP

육수 대신 사골국물에 넣어 사골만둣국을 끓여도 좋다.
소불고기와 배추, 호박을 비롯한 각종 채소를 넣어 만두전골로 만들어도 괜찮다.

키토모듬꼬치

순대꼬치 재료

순대 스테이크 1줄
올리브오일 1T

떡꼬치 재료

곤약가래떡 1개
올리브오일 1T

데리야키소스 재료

진간장 1/2C
알룰로스 3T
스위트너 3T
청주 3T
애플사이다식초 3T
다진 마늘 2T
통후추 10개

고추장소스 재료

고추장 1T
고춧가루 1T
맛간장 1T
청주 1T
알룰로스 1T
스위트너 1T
케첩* 1T
다진 마늘 1t
올리브오일 1T

캐첩 239쪽 참고

순대꼬치

1. 순대를 적당한 크기로 잘라 준비한다.
2. 팬에 올리브오일을 드르고 순대를 앞 뒤로 굽는다.
3. 꼬치에 순대를 끼운 후 원하는 소스를 바르거나 찍어 먹는다.

떡꼬치

1. 팬에 올리브오일을 두르고 곤약 가래떡을 넣는다.
2. 가래떡이 풀어지지 않도록 굴려가며 노릇노릇 튀기듯이 굽는다.
3. 꼬치에 떡을 끼운다.

데리야키소스

1. 냄비에 분량의 모든 재료를 넣고 강불에서 끓인다.
2. 끓어오르면 약불로 줄여 30분간 졸인다.
3. 통후추를 건져내고 병에 담아 냉장 보관한다.

고추장소스

1. 볼에 분량의 모든 재료를 넣고 잘 섞는다.
2. 팬에 살짝 끓인다.

포인트

소스를 끓이지 않아도 괜찮다.

TIP

튀긴 수제 어묵을 꼬치에 꽂아 소스를 발라도 맛있다. 순대, 메추리알, 달걀 등을 꼬치에 꽂아 비지가루 튀김옷을 입혀 튀긴 후 고추장 소스를 바르면 학교 앞 추억의 꼬치를 맛볼 수 있다.

키토모듬튀김

대파닭튀김 재료

닭가슴살 500g
카옌페퍼 1t
커리파우더 1t
소금 1t
후추
콩비지가루 4T
타피오카전분 4T
물 200ml
대파 2대
올리브오일 500ml

가라아게 재료

닭가슴살 500g
생강가루 1t
후추
간장 3T
콩비지가루 3T
타피오카전분 3T
올리브오일 500ml

대파닭튀김

1 닭가슴살은 한입 크기로 잘라 카옌페퍼, 커리, 후추, 소금에 재워 둔다.
2 대파는 송송 썰어 둔다.
3 콩비지가루 2큰술과 타피오카전분 2큰술을 섞어 닭고기와 대파에 골고루 묻혀준다.
4 콩비지가루 2큰술, 타피오카전분 2큰술, 물 200밀리리터를 묽게 반죽해 3의 재료를 넣어 섞은 후 170~175도의 올리브오일에 튀긴다.

포인트
4를 두 번 튀기면 더욱 바삭하다.

치킨가라아게

1 닭가슴살은 한입 크기로 잘라 생강, 후추, 간장에 조물조물 재워 둔다.
2 콩비지가루와 타피오카전분을 비닐봉지에 담아 재워 둔 닭고기를 넣고 골고루 묻혀준다.
3 촉촉해지던 170~175도의 올리브오일에 튀긴다.

포인트
연근은 얇게 썰어 물기를 제거한 후 튀기면 연근칩의 맛이 일품이다.
고구마를 동글동글 썰거나 스틱으로 썰어 반죽에 같이 섞어 튀겨도 좋다.

TIP

대파닭튀김을 할 때 커리 향이 싫다면 생략해도 괜찮다. 닭가슴살 대신 닭다리살을 사용해도 좋고 대파는 기호에 따라 가감한다. 청양고추를 다져 넣으면 매콤한 맛을 즐길 수 있다.

키토 디저트

My Normal
My Normal
My Normal
나에게 가장 보통의 커피
방탄커피 시그니처
디카페인

아인슈페너밀크티

재료

우유 150ml
블랙티시럽 2T
생크림폼 5T
블랙티가루 약간

블랙티시럽 재료

물 150ml
스위트너 100g
블랙티 30g

생크림폼 재료

생크림 200ml
스위트너 2T

달콤한 생크림이 듬뿍 올라간 음료가 당길 때 만들어 먹기 좋은 음료예요. 진한 커피에 생크림폼을 올려도 좋고 방탄커피에 올려도 좋아요.

만들기

1 차가운 우유에 블랙티 시럽을 넣고 잘 섞는다.
2 얼음을 넣고 생크림폼을 컵에 가득차게 담는다.
3 생크림폼 중간에 블랙티가루를 잘게 부수어 올린다.

블랙티시럽

1 분량의 물과 스위트너를 냄비에 넣고 끓인다.
2 스위트너가 녹고 물이 끓으면 불에서 내려 블랙티를 넣는다.
3 30분 후 블랙티를 체에 걸러 시럽만 냉장 보관한다.

생크림폼

1 차가운 생크림에 스위트너를 넣고 전동 거품기로 빠르게 젓는다.
2 스위트너가 잘 녹고 약간 크림 상태가 되었을 때 젓기를 멈춘다.

TIP

우유는 소화가잘되는우유를 사용했고 블랙티는 twg 제품을 사용했다. 생크림폼을 만들 때 소금을 넣으면 커피전문점의 인기 메뉴 중 하나인 짭조름한 소금 커피가 완성된다.

아이스애사비탄산수

재료

탄산수 150ml
애플사이다식초 1T
얼음 가득

하루에 한 잔씩 마시는 애플사이다식초예요. 고기를 먹은 후 탄산수에 넣어 마시면 그 어떤 탄산음료도 생각나지 않아요.

만들기

1 컵에 얼음을 가득 채운다.
2 애플사이다식초와 탄산수를 넣고 잘 섞는다.

TIP 자몽이나 오렌지 등 시트러스류의 과일을 편으로 썰어 말린 후 데코로 올리면 좋다.

아이스라임탄산수

재료

탄산수 200ml
라임 1개
알룰로스 2T(선택)

만들기

1 라임은 베이킹소다에 담가 깨끗하게 씻은 후 반으로 자른다.
2 반으로 자른 라임의 한 쪽은 슬라이스한다.
3 나머지 라임은 즙을 낸다.
4 컵에 얼음을 채운 후 라임즙과 알룰로스를 넣어 잘 섞고 탄산수를 붓는다.

포인트

2의 슬라이스한 라임 중 한 쪽은 데코용으로 사용한다.

TIP

라임 대신 레몬을 사용해도 좋다.

키토아포카토

재료

바닐라 아이스크림 1스쿱
에스프레소 1잔(40ml)

이탈리아어로 빠지다, 익사하다 라는 뜻을 가진 아포카토는 쌉싸래한 에스프레소와 달콤한 아이스크림이 만난 이탈리아의 디저트예요. 구운 아몬드나 구운 호두를 곁들여도 좋아요.

만들기

1 에스프레소를 1잔 추출한다.
2 바닐라 아이스크림을 한 스쿱 떠서 그릇에 담는다.
3 에스프레소를 아이스크림 위에 붓는다.

TIP

커피머신이 없다면 시판용 에스프레소도 괜찮다.
아이스크림은 다이노멀의 키토 바닐라아이스크림을 사용했다. 에스프레소 대신 냉장고에 넣어 둔 방탄 커피를 부어 마셔도 된다.

아보카도아몬드스무디

재료

아보카도 1개
생크림 50ml
소화가잘되는우유 50ml
구운 아몬드 30g
얼음 30g
알룰로스 1T(선택)

스무디에 에스프레소를 한 잔 부어 주면 아보카도 커피가 돼요.

만들기

1 아보카도 한 개를 세로로 반 가른 후 씨를 뺀다.
2 아몬드 두 알을 제외한 재료를 모두 잘게 다지거나 믹서에 갈아준다.
3 아몬드 두 알은 칼로 부수어 다진다.
4 2를 컵에 따른 후 3의 다진 아몬드를 살짝 올려 마무리한다.

TIP

생크림 대신 바나나 한 개를 갈아 넣으면 아보카도바나나스무디가 된다. 아침 혹은 든든한 식사로 한 끼를 즐길 수 있다.

메리골드티

재료

물 500ml
말린 메리골드 5~6개

봄이 되면 집 근처엔 메리골드꽃이 만발해요. 늦봄부터 가을까지 꾸준하게 꽃을 피워요. 어머니께서 가꾸시는데 꽃차를 얻기 위해서예요. 메리골드에는 각종 비타민과 루테인, 지아잔틴이 풍부해 눈 건강에 좋다고 해요. 컨디션이 좋지 않은 환절기에 마시면 더욱 좋아요.

만들기

1 물을 끓여 한김 식힌다.
2 말린 메리골드를 1에 넣고 5분 이상 둔다.

메리골드 말리기

1 메리골드 꽃을 흐르는 물에 살살 씻는다.
2 채반에 널어 그늘에 며칠 말린다.

TIP

건조기를 사용하여 말릴 수 있다. 말린 메리골드를 뜨거운 물에 넣고 5분쯤 지나면 서서히 꽃이 핀다. 꽃이 피어나는 것을 보며서 티타임을 즐기는 것도 멋스럽다.

발사믹식초바닐라아이스크림

재료

바닐라아이스크림 1스쿱
발사믹식초 1t

아이스크림 한 스쿱에 발사믹식초를 약간 올리면 색다른 맛이에요. 키토식 와플 한 장 구워 아이스크림을 올리고 발사믹식초를 스윽 뿌려 보세요. 해외 여행의 그리움을 해소할 수 있어요.

만들기

1 바닐라 아이스크림을 한두 스쿱 떠서 그릇에 담는다.
2 발사믹식초를 아이스크림 위에 뿌린다.

TIP

발사믹식초 대신 좋은 올리브오일을 뿌려도 색다르고 새로운 맛을 경험할 수 있다.

방탄커피

재료

에스프레소 2샷
버터 15g
mct오일 10ml

방탄커피에 빠지면 다른 커피 마시기 힘들지요. 여름엔 시원하게 겨울엔 뜨겁게 마시면 기운이 뿜뿜! 중독될 수밖에 없는 커피예요.

만들기

1 에스프레소, 버터, mct 오일을 용기에 넣고 블렌더로 갈아준다.
2 컵에 따라 마신다.

포인트
1의 에스프레소 대신 아메리카노를 이용해도 된다.

TIP

무염버터로 만드는 걸 추천한다. 소금 커피를 좋아한다면 블렌더로 갈아준 후 소금을 뿌리는 게 가염버터를 사용하는 것보다 훨씬 맛있다.
209쪽의 생크림폼을 만들어 올려 먹어도 맛이 좋다.

그린티라떼아이스크림

재료

팥 300g
스위트너 100g
물

녹차와 팥앙금은 정말 잘 어울리지요. 그린티 아이스크림 한 스쿱에 직접 만든 건강한 팥앙금 1큰술을 올리면 팥빙수보다 더 맛있는 그린티팥아이스크림이 돼요.

팥앙금 만들기

인스턴트팟으로 만들기

1. 팥 300그램은 깨끗하게 씻어 냄비에 넣고 팥이 잠길 정도로 물을 붓는다.
2. 10분간 끓인 후 깨끗한 물로 헹궈낸다.
3. 인스턴트팟에 삶은 팥, 물 450밀리리터를 넣고 콩요리 모드로 30분 둔다.
4. 스팀 빼고 뚜껑을 열어 주걱으로 눌러 으깨고 스위트너 100그램을 넣고 볶음 모드로 수분을 날려주면 완성된다.

밥솥으로 만들기

1. 팥 300그램은 깨끗하게 씻어 냄비에 넣고 팥이 잠길 정도로 물을 붓는다.
2. 10분간 끓인 후 깨끗한 물로 헹궈낸다.
3. 밥솥에 삶은 팥, 물 600밀리리터를 넣고 만능찜 모드로 50분 둔다.

TIP

팥은 불리지 않고 바로 사용해도 된다.

키토 소스 피클 장아찌

키토고추장

재료

고춧가루 300g
조선간장 500ml
메줏가루 100g
알룰로스 500ml

액젓고추장 재료

고춧가루 300g
액젓 500ml
메줏가루 100g
알룰로스 500ml

아보카도고추장 재료

아보카도 2개
토마토 농축액 200g
마늘 2톨
액젓 50g
고춧가루 100g

만들기

1 볼에 조선간장, 알룰로스, 메줏가루, 고춧가루를 넣어 고루 섞는다.
2 뜨거운 물로 소독한 항아리에 넣는다.
3 항아리 입구를 마른 천으로 감싼 후 뚜껑을 덮는다.
4 햇볕이 잘 드는 곳에 둔다.

포인트

일주일 정도 숙성하면 먹을 수 있지만 한 달 이상 숙성시켜야 메줏가루 냄새가 덜 난다. 3개월 숙성을 추천한다.
1에서 굳이 순서를 지키지 않아도 된다. 조선간장은 한살림 제품이다.
2의 항아리는 물을 팔팔 끓여 소독한 후 물기를 말려 사용한다.

액젓고추장

1 볼에 액젓, 알룰로스, 메줏가루, 고춧가루를 넣어 고루 섞는다.
2 소독한 유리병에 담는다.
3 햇볕이 잘 드는 곳에 둔다.

아보카도고추장

1 믹서에 분량의 재료를 모두 넣고 갈아준다.
2 소독한 유리병에 담는다.
2 냉장고에서 이틀간 숙성시킨다.

TIP

항아리가 없다면 소독한 유리병을 사용한다. 액젓은 멸치액젓, 까나리액젓, 고등어액젓 등 기호에 따라 선택한다.
아보카도고추장은 메줏가루 대신 아보카도와 토마토 농축액을 사용한다. 바로 먹어도 되지만 숙성시키면 더 깊은 맛을 느낄 수 있다.

키토쌈장

표고버섯쌈장

재료

된장 3T
고추장 3T
다진 마늘 2T
다진 생강 2T
표고버섯 5개
올리브오일 1T
청주 1T
물 100ml
볶은 양파 3T
(또는 양파잼*)
아몬드버터볶음

아몬드버터볶음 재료

아몬드 50g
버터 20g

양파잼 245쪽 참고

1 표고버섯은 작게 깍둑썬다.
2 팬에 올리브오일을 두르고 다진 마늘과 다진 생강을 넣어 중불에서 약 5분 볶는다
3 된장과 고추장, 청주를 넣고 약불로 줄여 5분 더 볶는다.
4 아몬드버터볶음을 넣어 잘 섞고 기호에 맞게 물을 조절하며 넣는다.
5 볶은 양파나 양파잼을 넣어 잘 섞은 후 불에서 내린다.

포인트
5에서 양파를 볶을 때 스위트너 혹은 알룰로스를 1큰술 넣어 볶는다.

아몬드버터볶음

1 팬에 버터를 녹인다.
2 잘게 다진 아몬드를 갈색이 나도록 볶는다.

TIP
아몬드와 표고버섯을 버터에 따로 볶아 넣으면 풍미가 훨씬 좋다. 마늘을 제한하면 대파를 잘게 다져 넣는다. 찐양배추나 구운 고기 한 점에 표고버섯쌈장만 올려도 맛있는 한 끼를 즐길 수 있다.

고수쌈장

재료

된장 3T
고추장 3T
다진 마늘 2T
다진 생강 2T
고수 50g
버터 20g
올리브오일 2T
청주 1T
볶은 양파 3T
(또는 양파잼*)
아몬드버터볶음

양파잼 245쪽 참고
아몬드버터볶음 231쪽 참고

1 고수는 깨끗하게 잘 세척한 후 잎을 제외한 줄기부터 뿌리까지 잘게 다진다.
2 팬에 올리브오일을 두르고 다진 마늘과 다진 생강을 넣어 중불에서 약 5분 볶는다.
3 잘게 다진 고수와 버터를 넣고 계속 볶는다.
4 3에 된장, 고추장, 청주, 아몬드버터볶음을 넣고 5분 더 볶는다.
5 볶은 양파나 양파잼을 넣어 잘 섞은 후 불에서 내린다.

TIP

고수는 베이킹소다와 식초를 넣은 물에 5분 정도 담가 세척 후 칼로 긁어 뿌리를 손질하고 줄기부터 뿌리까지 사용한다.

재료

돼지고기 다짐육 200g
양파 1/2개
대파 2대
호박 1/5개
표고버섯 1개
청양고추 1개
올리브오일 4T
된장 3T
고추장 3T
다진 마늘 1T
다진 생강 1T
고춧가루 2T
진간장 1T
양파잼* 3T
(볶은 양파 3T)
아몬드버터볶음

양파잼 245쪽 참고
아몬드버터볶음 231쪽 참고

고기쌈장

1. 양파, 대파, 호박, 표고버섯, 청양고추는 잘게 다진다.
2. 팬에 올리브오일을 두르고 1의 채소 들을 넣어 중불에서 5분 볶는다.
3. 돼지고기를 넣고 익으면 7분 정도 더 볶는다.
4. 분량의 된장, 고추장, 고춧가루, 다진 마늘, 다진 생강을 넣고 팬 가장자리에 진간장을 둘러 바글바글 끓으면 2와 3을 넣고 섞어 볶는다.
5. 양파잼과 아몬드버터볶음을 넣어 잘 섞은 뒤 불에서 내려 마무리한다.

포인트

돼지고기는 다짐육, 등심, 앞다리살 어느 부위든 다 괜찮다.

TIP

양파잼 대신 양파를 잘게 다져 스위트너와 볶아도 되고 버터와 스위트너를 넣어 캐러멜라이징한 양파를 넣어도 깊은 풍미의 고기쌈장을 만들 수 있다. 고기쌈장으로 간단한 쌈장볶음밥, 고기쌈장주먹밥을 만들 수 있다. 대파 대신 대파올리브절임을 넣으면 더 편리하다.

키토비빔장

재료

고춧가루 4T
진간장 4T
알룰로스 6T
고추장 2T
생들기름 2T
애플사이다식초 2T
양파잼* 3T(선택)

양파잼 245쪽 참고

만들기

1 분량의 모든 재료를 고루 섞는다.
2 소독된 유리병에 넣어 냉장고에서 3일 이상 숙성시킨다.

TIP

비빔국수나 쫄면 등 면요리에 사용할 수 있다. 애플사이다식초 대신 사과 농축 식초를 넣고 양파잼을 더하면 깊은 맛의 양념장이 된다. 청양고추를 다져 넣으면 대콤하게 즐길 수 있고 다진 마늘을 넣으면 알싸한 맛의 비빔장을 맛볼 수 있다.

비법육수·키토맛간장

비법육수 재료

디포리 10마리
육수용 멸치 1줌
보리새우 1줌
조각다시마(5×5) 4장
양파 1개
대파 1대
표고버섯 1개
마늘 10쪽
생강 10g
말린 고추 2개
청주 200ml
물 2.5L

키토맛간장 재료

진간장 500ml
스위트너 300g
청주 80ml
통마늘 10개
통후추 10알
양파 1/2개
대파 1대
배 1/4개
사과 1/4개
표고버섯 1개
조각다시마(5×5) 1장
생강 20g
말린 고추 1개

비법육수

1 오븐 팬에 양파, 대파, 표고버섯, 마늘, 생강을 넣고 230도로 예열된 오븐에 30분 굽는다.
2 냄비에 손질한 멸치와 디포리, 보리새우를 넣고 중불에서 노릇노릇해질 때까지 볶는다.
3 오븐에서 꺼낸 1의 채소와 물, 청주, 다시마, 말린 고추를 냄비에 넣고 강불로 끓인다.
4 물이 끓으면 다시마는 건져내고 중불에서 20분 끓인 후 불에서 내려 한김 식혀 면포에 걸러 병에 담아 냉장 보관한다.

포인트

4에서 다시마는 약 7분 끓으면 건져낸다. 오래 끓이면 쓴맛이 날 수 있고 알긴산 성분인 점액질이 많이 나와 미끄덩거린다.

키토맛간장

1 오븐팬에 통마늘, 대파, 양파, 생강을 올려 230도로 예열된 오븐에 30분 굽는다.
2 냄비에 1의 채소와 분량의 모든 재료를 넣고 강불로 끓인다.
3 간장이 끓기 시작하면 거품을 걷어낸다.
4 중약불로 30분 끓인 후 불에서 내린다.
5 뚜껑을 덮은 채 5시간 동안 실온에서 숙성시킨 후 체에 걸러 냉장 보관한다.

TIP

고온에 채소를 구으면 육수와 간장의 맛이 깊어진다.
멸치는 대가리, 내장, 뼈까지 전부 제거해 냉동실에 보관해 두고 필요할 때마다 꺼내 사용하면 편리하다.
고기 100그람에 맛간장 1큰술의 비율로 조리한다. 맛간장에 다진 마늘과 들기름을 넣으면 간단한 간장불고기를 만들 수 있고, 고춧가루를 추가하면 매운맛불고기가 된다.

키토 케첩·마요네즈

키토케첩

키토케첩 재료

토마토 농축액 500g
(또는 착즙한 토마토나 믹서에
간 토마토)
애플사이다식초 2T
알룰로스 75g
양파가루 1t
시나몬 1/8t
넛맥 1/8t
정향 2개
소금 1/2t
후추 1/8t

1 분량의 모든 재료를 냄비에 넣고 끓인다.
2 토마토 농축액을 사용할 경우 약불에서 10분간 저어가며 끓인 후 불에서 내린다.
3 생토마토를 사용할 경우 약불에서 1/3로 졸아들 때까지 중간중간 저어가며 1시간 정도 졸인다.
4 소독한 유리병에 담아 냉장 보관한다.

키토마요네즈

키토마요네즈 재료

달걀 노른자 3개
올리브오일 1C
애플사이다식초 1T
레몬 1/2개
소금 1/4t
머스터드 가루 1/4t

1 분량의 모든 재료를 넣고 핸드 블렌더로 섞는다.

포인트

올리브오일을 조금씩 섞어가며 절차에 따라 복잡하게 만들 수도 있지만 이 방법이 가장 간단하면서 편리하다. 마요네즈의 질과 맛에 차이가 없다.

TIP

케첩은 방울토마토로 만들면 훨씬 달콤하고 감칠맛도 좋다. 달고 맛있는 생토마토를 케첩으로 만들어도 맛이 좋다. 취향에 따라 허브를 넣으면 더 다양한 맛을 즐길 수 있다.

재료

마요네즈 1/4C
바질 1/4t
타임 1/4t
피칸 1/4C
다진 마늘 1t
화이트발사믹식초 1t
소금, 후추

허브마요네즈

1 피칸은 160도 오븐에 15분 굽거나 마른 팬에 살짝 구워 잘게 다진다.

2 다진 피칸과 분량의 모든 재료를 고루 섞는다.

TIP

강한 허브향을 좋아하면 건조 허브를 사용하고 은은한 향을 좋아하면 생 허브를 사용한다. 소스류에는 생허브가 더 잘 어울린다.

재료

마요네즈 1/2C
다진 오이피클 1T
다진 양파피클 1T
다진 케이퍼 1t
후추 약간

타르타르소스

피시앤칩스하면 떠오르는 소스지만 꼭 해물과 먹지 않아도 괜찮아요. 김밥이나 튀김에도 상큼하고 부드럽게 올려 먹을 수 있고 어떤 음식이든 잘 어울리는 소스예요.

만들기

1 볼에 분량의 재료를 모두 넣고 고루 섞어준다.

TIP

다진 양파피클 대신 생양파를 넣어도 된다. 양파가 맵다면 얼음물이나 식초물에 10분 정도 담갔다가 사용하면 매운맛은 사라지고 양파의 단맛을 즐길 수 있다.

대파올리브절임

재료

대파 6대
소금 1t
후추 1/4t
올리브오일 1C+3T

대파 한 단을 잘 다듬어 소분해도 시간이 지나면 무르기 일쑤예요. 일주일 정도 먹을 만큼 정리해 두고 남은 대파로 대파올리브절임을 만들어 보세요. 대파가 들어가는 볶음 요리에 넣으면 맛도 좋고 물러서 버리는 일도 없어요.

만들기

1 대파는 송송 썰어 준비한다.

2 오븐 용기에 송송 썬 대파를 넓게 펼치고 소금, 후추, 올리브오일 3큰술을 대파에 골고루 뿌린다.

3 180도로 예열된 오븐에 40분 굽고 중간중간 주걱으로 섞어 준다.

4 오븐에서 꺼낸 대파를 바로 유리병에 넣고 대파가 잠길 정도(약 1컵)로 올리브오일을 붓는다.

5 실온에서 8시간 숙성 후 냉장 보관한다.

포인트

2와 3에서 오븐이 없거나 번거롭다면 필요할 때마다 파기름을 내어 사용하면 된다. 같은 효과를 내고 싶다면 에어프라이어를 이용해도 된다.

TIP

대파를 5센티미터 길이로 썰면 스테이크나 생선 요리의 가니시로도 좋다. 모든 볶음 요리에 생대파 대신 쓸 수 있고 대파올리브절임을 사용하면 한층 더 깊은 맛을 낼 수 있다. 오일도 요리에 사용한다.

키토당절임

재료

양파 3개
올리브오일 3T
발사믹식초 3T
레드와인 1/4C
스위트너 3T
소금 1/8t

단맛이라고 다 같은 단맛은 아니지요. 어떤 단맛은 감칠맛이 나기도 하고 어떤 단맛은 먹을수록 질려요. 음식에 넣어 입맛 당기는 맛을 내고 싶다면 양파와 무, 토마토로 잼을 만들어 보세요. 생각하지 못했던 색다른 맛을 느낄 거예요.

양파잼

1 양파는 곱게 다져 준비한다.
2 팬에 올리브오일을 두르고 양파를 넣어 중불에서 볶다가 투명해지면 약불로 줄인다.
3 발사믹식초, 레드와인, 스위트너, 소금을 넣고 잘 섞어 중간중간 저어주며 1시간 정도 약불에서 볶는다.
4 완성된 양파잼은 뜨거울 때 유리병에 담아 완전히 식힌 후 냉장 보관한다.

TIP

양파를 다질 때 초퍼를 이용하면 편리하다. 단맛이 필요한 요리에 넣으면 깊은 맛을 낼 수 있다. 닭가슴살이나 스테이크 샌드위치의 스프레드로 사용해도 색다르다.

재료

무 300g
스위트너 100g
물

무잼

1. 무는 초퍼로 잘게 다져 준비한다.
2. 냄비에 무가 잠길 만큼 물을 붓고 무가 익을 때까지 끓인다.
3. 무가 익으면 스위트너를 넣고 거품을 걷어내며 잘 저어가며 졸인다.
4. 수분이 날아가고 잼의 농도가 되면 불에서 내려 뜨거울 때 유리병에 담아 완전히 식힌 후 냉장 보관한다.

TIP

떡볶이와 오징어 볶음, 돼지고기를 재울 때 한 스푼씩 넣으면 양파잼과는 다른 단맛을 느낄 수 있다.

재료

대추방울토마토 500g
스위트너 100g

토마토잼

1 토마토는 깨끗이 씻어 꼭지 부분을 잘라낸 후 뜨거운 물에 1분간 데쳐 차가운 물에 담가 껍질을 벗겨 둔다.

2 냄비에 껍질 벗긴 토마토와 스위트너를 넣고 나무주걱으로 토마토를 으깨며 중불로 끓인다.

3 끓기 시작하면 거품은 걷어내고 약불로 줄여 계속 저어가며 수분이 날아갈 때까지 졸인다.

4 진득해진 토마토잼을 뜨거울 때 유리병에 담아 완전히 식힌 후 냉장 보관한다.

TIP

토마토는 수분이 많아 잼의 농도가 되기까지 시간이 많이 걸린다.
김치찌개, 참치찌개 등 국물 요리나 볶음밥에 한 큰술씩 넣으면 깜짝 놀랄 만한 감칠맛을 느낄 수 있다.

키토라면스프

재료

고춧가루 2T
스위트너 4T
표고버섯가루 2T
마늘가루 2t
양파가루 4t
소금 4t
후추 2t

어떻게 하면 건강하고 간편하게 라면과 떡볶이를 먹을 수 있을까 고민을 하다가 만들게 된 '스프 겸 떡볶이시즈닝'이에요. 스프에 물이나 육수를 부어 끓이면 맛있는 라면이 되고 스위트너를 조금 더 넣어 끓이면 맛있는 국물 떡볶이가 됩니다.
이 스프를 완성하고 정말 행복했답니다.

만들기

1 분량의 재료를 모두 분쇄기에 넣고 곱게 갈아준다.
2 유리병에 담아 냉장 보관한다.

TIP

찌개를 끓일 때 2퍼센트 부족함이 느껴진다면 조미료 대신 건강한 스프를 1큰술 넣으면 마법의 가루가 바로 이것이구나 생각하게 된다.

단무지

재료

무 600g
굵은소금 2T
스위트너 2T
애플사이다비네거 4T
울금가루 1t

만들기

1 무는 단무지 모양과 크기로 썰어준다.
2 1의 무와 분량의 재료를 모두 섞어 밀폐 용기에 넣은 후 실온에 하루 둔다.
3 물이 생기면 한 번 뒤적여 준 뒤 냉장 보관한다.

TIP

쌈무 역시 모양만 다르고 만드는 법은 동일하다.
단무지는 김밥뿐 아니라 분식의 곁들임 반찬에도 활용도가 높다.

키토채소피클

재료

오이, 무, 할라피뇨
셀러리, 열무, 양파 등

피클물 재료

물 500ml
애플사이다식초 300ml
스위트너 300g
소금 1T
피클링 스파이스 1T
월계수잎 2장

오이, 무, 할라피뇨, 셀러리, 열무, 양파 등 채소를 깨끗이 씻어 물기를 빼고 적당한 크기로 썰어 병에 담아 준비한다.

피클물

1 애플사이다식초를 제외한 분량의 모든 재료를 냄비에 넣고 끓인다.

2 스위트너가 전부 녹고 끓어오르기 시작하면 애플사이다식초를 넣고 다시 끓어오르면 불에서 바로 내린다.

3 한김 식힌 피클물을 오이, 무, 할라피뇨, 셀러리 등 채소가 담긴 유리병에 붓는다.

4 실온에서 8시간 숙성시킨 후 냉장 보관한다.

TIP

피클이나 장아찌를 담을 병은 반드시 열탕 소독한다. 그래야 상하거나 골마지가 끼지 않는다.

키토생채소장아찌

재료

마늘종, 양파
청양고추, 무말랭이
명이, 깻잎 등
여러 가지 채소

궁채장아찌 재료

불린 궁채 350g
물 180ml
간장 90ml
애플사이다식초 90ml
스위트너(감미료) 50g

장아찌물 재료

물 200ml
간장 100ml
애플사이다식초 100ml
스위트너 75g

만들기

1 마늘종, 양파, 청양고추는 깨끗이 씻어 물기를 빼고 적당한 크기로 썰어 병에 담아 준비한다.
2 무말랭이는 물에 담가 30분 정도 불려 깨끗이 씻어 물기를 꼭 짠 후 병에 담아 준비한다.
3 한김 식힌 장아찌물(간장물)을 부어 실온에서 8시간 숙성시킨 후 냉장 보관한다.

궁채장아찌

1 불린 궁채는 물기를 꼭 짜 소독한 용기에 담는다.
2 모든 재료를 넣고 팔팔 끓여 소독한 용기에 부어 반나절 정도 식힌 후 냉장 보관한다.

궁채 불리기

1 궁채를 찬물에 바락바락 씻어 중간중간 물을 바꿔주며 4시간 정도 불려준다.
2 원하는 크기로 잘라 사용한다.

장아찌물

1 애플사이다식초를 제외한 분량의 모든 재료를 냄비에 넣고 끓인다.
2 스위트너가 녹고 끓기 시작하면 애플사이다식초를 넣고 다시 끓어오르면 불에서 내린다.

TIP

가늘게 썬 무말랭이를 사용했다. 단무지 대신 무말랭이장아찌와 불고기, 치즈 한 장이면 간단하고 맛있는 김밥이 완성된다.
불린 궁채는 건궁채 양의 3~4배가 된다. 김밥용은 20센티미터 길이로 자르면 알맞다

키토구운채소장아찌

재료

호박 1개
가지 1개
굵은 소금 2T
올리브오일 2T
장아찌물* 200ml

장아찌물 255쪽 참고

만들면 고기부터 굽고 싶어지는 장아찌예요. 뜨끈한 곤약밥 한 술에 고기 한 점, 장아찌 한 조각 올리면 순식간에 한 그릇 뚝딱이에요. 먹다 보면 어느덧 숙성시킨 장아찌는 남아 있지 않아요.

만들기

1 호박과 가지는 0.3센티미터 굵기로 슬라이스한다.
2 슬라이스한 채소에 소금을 골고루 뿌려 약 30분 둔다.
3 물에 소금을 헹궈낸 후 물기를 꼭 짜서 면포나 키친타월에 말린다.
4 올리브오일을 두른 팬에 호박과 가지를 구워 뜨거울 때 유리병에 차곡차곡 담는다.
5 한김 식힌 장아찌물을 부어 실온에서 8시간 숙성시킨 후 냉장 보관한다.

포인트

3의 과정에서 키친타월로 호박과 가지를 꾹꾹 눌러주면서 물기를 제거한다.

TIP

구운채소장아찌는 바로 먹어도 된다. 올리브오일을 사용했기 때문에 냉장 보관 시 오일이 굳으니 먹기 전에 미리 꺼내 두기를 권한다.

달걀 피클·장아찌

달걀피클 재료

삶은 달걀 4개
피클물* 200ml
계피스틱 1/2개
(또는 시나몬 1/8t)

달걀장아찌 재료

삶은 달걀 4개
장아찌물* 200ml

피클물 253쪽 참고
장아찌물 255쪽 참고

새콤달콤한 피클물에 담가 둔 달걀은 샌드위치나 샐러드에 사용하고 짭조름한 장아찌물에 담가 둔 달걀은 밥과 잘 어울려요. 다른 반찬이 필요 없답니다.

피클물과 장아찌물을 이용한

달걀피클

1. 피클물과 계피를 냄비에 넣고 끓인다.
2. 삶은 달걀은 껍질을 벗겨 유리 용기에 담는다.
3. 바글바글 끓인 피클물을 달걀 위에 붓는다.

달걀장아찌

1. 삶은 달걀은 껍질을 벗겨 유리 용기에 담는다.
2. 장아찌물은 냄비에 넣고 바글바글 끓인다.
3. 유리 용기에 끓인 장아찌물을 붓는다.

TIP

피클을 만들고 남은 피클물과 장아찌를 담근 후 여분의 장아찌물을 사용하면 또 하나의 요리가 된다.

키토 매실청·매실장아찌

매실청 재료

매실 1kg
스위트너 500g

매실장아찌 재료

매실 1kg
스위트너 500g

키토매실청

1 매실은 깨끗이 씻어 꼭지를 제거한다.
2 채반에 널어 물기를 제거한다.
3 소독한 용기에 매실을 넣고 스위트너를 켜켜이 뿌려 둔다.
4 실온에 2주일 정도 두었다가 냉장 보관한다.

포인트

1에서 매실으 꼭지는 이쑤시개로 살짝 건드리면 톡 떨어진다.

키토매실장아찌

1 매실은 깨끗이 씻어 물기를 제거한다.
2 매실은 쪼개서 씨를 뺀다.
3 소독한 용기에 쪼갠 매실과 스위트너를 400그램 넣어 잘 섞이도록 버무린다.
4 남은 스위트너 100그램은 매실 위에 덮는다.
5 실온에 2주일 정도 두었다가 냉장 보관한다.

TIP

매실의 꼭지는 이쑤시개로 살짝 건드리면 톡 떨어진다.
매실장아찌는 매실 1킬로그램의 씨를 빼고 쪼갰더니 800그램 나왔다.
2주일 후 고추장만 넣고 무쳐도 아삭하고 새콤한 게 맛이 좋다.

채소라페

당근라페 재료

당근 2개
올리브오일 3T
화이트발사믹식초 1T
애플사이다식초 1T
씨겨자 1T
소금, 후추

그 외 라페 재료

양배추 1/3통(약 400g)
적양배추 1/2통(약 400g)
비트 1개
콜라비 1개
올리브오일 3T
애플사이다식초 2T
씨겨자 1T
소금, 후추

올리브오일, 애플사이다식초, 씨겨자, 소금, 후추는 라페 각각의 재료이다.

당근라페

1 당근은 길쭉하게 채 썬다.
2 분량의 재료들과 고루 섞는다.

샌드위치나 김밥용으로 사용할 당근라페

1 당근은 길쭉하게 채 썬다.
2 당근에 소금을 1작은술 넣고 20분 정도 절인 후 물기를 꼭 짠다.
3 올리브오일 2큰술, 화이트발사믹식초 1큰술, 애플사이다식초 1큰술, 씨겨자 1큰술, 후추를 넣고 버무린다.

양배추·적채·비트·콜라비 라페

1 양배추, 적양배추, 비트, 콜라비는 각각 채 썬다.
2 양배추채와 적채는 소금을 1작은술 넣어 절인 후 물기를 꼭 짠다.
3 비트와 콜라비는 채 썰어 바로 사용한다.
4 분량의 재료 들을 넣고 버무린다.

포인트
각 채소마다 재료의 양은 동일하다.

TIP

직접 채 썰기가 어려울 때는 채칼을 이용하면 편리하다.

토마토마리네이드

재료

방울토마토 500g
양파 1/2개
올리브오일 3T
화이트발사믹식초 2T
애플사이다식초 1T
생바질 10g
물(데칠 물) 1L
소금 1t
후추
레몬즙 약간(선택)
알룰로스 약간(선택)

만들기

1. 방울토마토는 흐르는 물에 깨끗이 씻은 후 꼭지 부분을 잘라 낸다.
2. 양파 1/2개와 바질은 다져 둔다.
3. 냄비에 물 1리터, 소금 1작은술을 넣고 끓인다.
4. 방울토마토 8~10알씩만 넣어 10~15초 데쳐 찬물에 담근다.
5. 토마토 껍질을 벗긴다.
6. 방울토마토, 다진 양파, 다진 바질, 올리브오일, 화이트발사믹식초, 애플사이다식초, 소금, 후추를 뿌려 버무린 후 밀폐 용기에 보관한다.

포인트

1에서 방울트마토의 꼭지를 잘라내면 십자로 칼집을 내는 것보다 껍질이 훨씬 깔끔하게 벗겨진다.
4에서 토마토의 양이 많으면 온도도 내려가고 나중에 꺼낸 토마토가 무를 수 있으니 나눠서 데친다. 옆면이 쫙 갈라질 때 건져낸다.

토마토 꼭지 부분 자르기

TIP

생바질은 기호에 따라 많이 넣어도 되고 생바질이 없으면 건바질을 넣어도 된다. 맛의 차이가 있겠지만 생략해도 무방하다.
레몬즙을 추가하면 좀 더 새콤하면서 상큼하다. 단맛을 원한다면 알룰로스를 추가한다.

재료

대추방울토마토 1kg
올리브오일 1/4C
화이트발사믹식초 1/4C
바질(선택)
양파(선택)

말린 토마토마리네이드

1 끓는 물에 데쳐 껍질 벗긴 토마토를 오븐 팬에 올린다.
2 100도로 예열된 오븐에 토마토를 넣어 2시간 정도 굽는다.
3 수분이 빠져 겉면이 쪼글쪼글해진 토마토를 완전히 식힌 후 볼에 넣는다.
4 분량의 올리브오일과 발사믹식초를 토마토에 넣어 잘 섞는다.
5 유리병에 담아 냉장 보관한다.

포인트

방울토마토를 흐르는 물에 깨끗이 씻어 꼭지 부분을 잘라낸 후 1의 과정을 시작한다.

TIP

방울토마토의 크기에 따라 굽는 시간이 약간 다를 수 있다.

재료

대추방울토마토 1kg
꿀 1/2C

아이가 방울토마토를 좋아해서 만들게 됐어요. 생토마토보다 훨씬 진하고 깊은 달콤함이 느껴지는 마리네이드예요. 겉은 쫀득 속은 탱글한 식감이 참 재미있기도 해요. 손이 한 번 더 가지만 정성을 들인 만큼 맛이 좋답니다.

말린 토마토꿀절임

1. 말린 토마토마리네이드와 같은 방법으로 말린 토마토를 열탕 소독한 유리병에 넣는다.
2. 토마트가 잠길 정도로 꿀을 붓는다.
3. 냉장고에서 3일 이상 숙성시킨 후 먹는다.

TIP

꿀을 허용하는 분들은 꿀절임을 만들어 샐러드 또는 샌드위치에 넣어 드시기를 권한다.

맛있는 키토 분식
자알 먹었습니다.

설탕부터 바꾸세요
마이노멀 키토 알룰로스
설탕대비 칼로리 98% Down! 당류 99% Down!
마이노멀 키토 알룰로스는 가장 각광받는 대체 감미료인
알룰로스, 스테비아, 나한과 3가지 원재료로 꿀 같은 단맛을 재현했습니다.
대체 감미료 특유의 쓴 맛이 적고 설탕과 1:1 비율의 당도를 가지고 있어,
한식 요리부터 디저트, 베이킹까지 폭 넓게 사용하실 수 있습니다.
KETO LIFESTYLE
My Normal
마이노멀 키토 알룰로스
1g 당류
알룰로스 스테비아 나한과 사용
당류가 적은 건강한 설탕대용
485g (97 kcal)
www.mynormal.shop
KETO LIFESTYLE
My Normal

그냥 **곤약쌀**이 아니다.

미란이다.

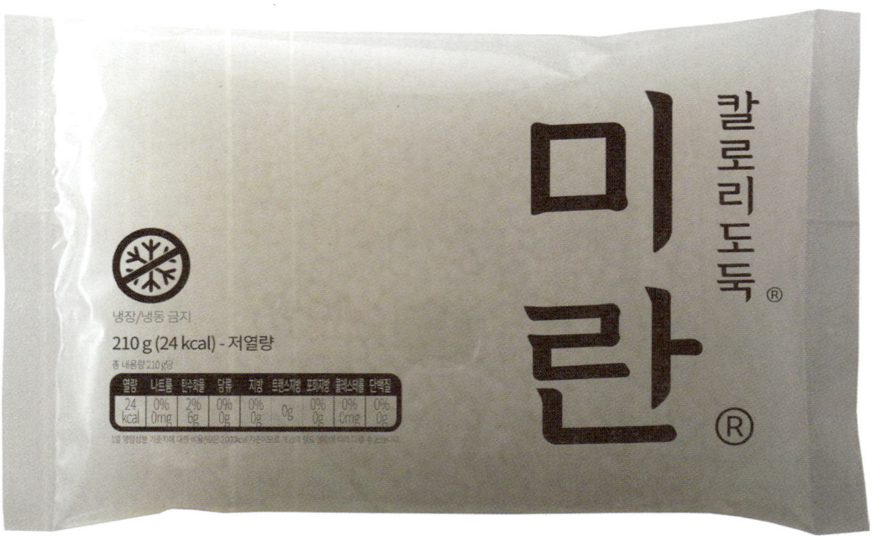

gitree·com®